U0129255

王陽明的心學與教育

陳 正 雄 著

文 史 哲 學 集 成
文史哲出版社印行

國家圖書館出版品預行編目資料

王陽明的心學與教育 / 陳正雄著. -- 初版. --
臺北市：文史哲，民 109.07
　　面：　公分 （文史哲學集成 732）
ISBN 978-986-314-524-0（平裝）

1. (明)王守仁　2.學術思想　3.陽明學

126.4　　　　　　　　　　　　　109013177

文 史 哲 學 集 成　732

王陽明的心學與教育

著　　者：陳　　　正　　　雄
出 版 者：文 史 哲 出 版 社
http://www.lapen.com.tw
e-mail:lapen@ms74.hinet.net
登記證字號：行政院新聞局版臺業字五三三七號
發 行 人：彭　　　正　　　雄
發 行 所：文 史 哲 出 版 社
印 刷 者：文 史 哲 出 版 社
臺北市羅斯福路一段七十二巷四號
郵政劃撥帳號：一六一八〇一七五
電話886-2-23511028・傳真886-2-23965656

實價新臺幣三二〇元

二 〇 二 〇 年 （民 一 〇 九） 九 月 初 版

序

寫作緣起：追憶黃錦鋐教授

　　1978 年的暑假，其時我任職高中授課已有四年，職稱是高中「國文試用教師」，試用是因我未曾修習國文科的專業教育學分，遂以試用教師聘用。基隆女中徐校長愛護有加，每每垂問上課有趣嗎？若有意繼續上課，必須修習教育學分。於是我決意暑假報名參加政大專業教育學分專班，奇蹟發生了，我巧遇黃錦鋐教授。[1]

黃老師的國文科教材教法

　　黃老師講課的態度，自然瀟灑，平和踏實，不急不徐，從容和藹。而講課內容，生動充實，別出心裁，出人意表，識見過人。如「學而時習之，不亦說乎？有朋自遠方來，不亦樂乎？人不知而不慍，不亦君子乎？」《論語　學而》章旨為「學」字，「習」，鳥，數飛也，引申為「熟悉」。「有朋自遠方來，不亦樂乎？」「朋」，鳳鳥群飛，意謂志同道合的好朋友，乃樂。若不是好朋友，則不樂。「人不知而不慍，不亦君子乎？」欲得「不慍」，與個人學養有關。「學」是全章章旨的主題，活化的

---

[1]　《師友》124 期，〈我的暑假進修生活〉。

講解，令人敬佩，永誌不忘。[2]從此，一生俯首黃老師，以其教學方法施教，提倡「理解的國文教學法」，捨棄傳統的國文教學，理解為主，背誦為輔，俾使上課氣氛活潑生動，師生透過討論問答的腦力激盪方式，得到正確的答案，避免「一言堂」的授課模式，不是死背，而是理解誦讀。學生興高采烈的學習，老師輕鬆愉快的教學，講課如春風，上課沒壓力。老師的國文教材教法，翻轉我的教學活動設計，增進活潑的教學氣氛，更增進學生學習國文的興趣。在老師的休息辦公室，常聽見老師們說，讀國文最簡單，只要背書就好，哪有人不會背書呢？板滯傳統的讀書模式，哪來的書中自有黃金屋？書中自有顏如玉？

黃老師的書室生香

黃老師家有客廳、臥室、廚房、洗手間的基本生活配置以外，讀書人最重要的是書房。客廳有兩座玻璃書廚，窗明几淨；書房除書桌以外，四周牆壁以及臨時增加的木製書架，都是頂天立地的擁擠著，書冊有精裝、平裝，分文別類的筆直站立著，等待著主人的召喚。清初張潮認為：「藏書、看書、讀書，能用、都不難；能記為難」。《幽夢影》蘇軾書房對聯：「發憤識遍天下字，立志讀盡人間書」。蘇軾的才華過人、勤勉不輟，他說：「舊書不厭百回讀，熟讀深思子自知。」原來蘇軾的讀書破萬卷，下筆如有神，是「學而時習之」的實踐。積學以儲實，酌理以富才，馭文之術，謀篇的關鍵。若有機緣，請讀黃

---

[2] 〈野人獻曝讀《晚學齋詩文論集》〉，《國文天地》，第 11 卷第 2 期。

老師精心學術著作,《晚學齋詩文論集》,該書是黃老師「台上玩月」的大作。

黃老師的茶話宴

偶而到老師家問安、請益,品茶是談話的最好媒介。

中國傳統的聚會活動,開門七件事:柴、米、油、鹽、醬、醋、茶。「恭喜郎君又有她,儂今洗手不管它。開門諸事都交付,柴米油鹽醬與茶。」此詩平易近人,道盡女主人的心境。

喝茶是一種高尚的聯誼活動,也是中國源遠流長文化的內涵。

唐朝陸羽的《茶經》,記錄「茶」深入國人生活中的影響,嗜茶者以為無茶不歡,無茶生活無趣,喝茶可以提神解憂,有益身心健康。泡茶更是一種茶道,品茗更是個人文化素養的表現,泡茶的關鍵因素:水質、茶質、水溫、時間等要件。飲茶三絕:茶美、水美、壺美。而茶道茶藝的講求:蟹眼已過魚眼生(水泡),颼颼欲做松風鳴(水泡沫)。蒙茸出磨細珠落(小氣泡),眩轉繞甌飛雪輕(倒)。至於喝茶的步驟,依序:洗杯、落茶、沖茶、刮沫、倒茶、點茶、看茶、喝茶。此為茶道經營的過程。

每當風雅朋友歡聚,以茶代酒,氣氛更勝一籌,喝茶的禮儀,而有坐、上坐、請上坐,茶、喝茶、喝好茶。喝茶的時候,先觀色、次聞香、其次潤喉、再緩緩下嚥,口齒留香,韻味雋永。所以喝茶是藝術,而茶的影響文化深刻廣泛,深入文學的詩、詞、曲、繪畫、書法,音樂、佛門等;茶文化穿透時空,無遠弗屆。至於喝茶的禁忌:不喝頭遍茶,不喝新茶,不喝濃

茶，不喝隔夜茶，不喝睡前茶。老師的喝茶叮嚀語。敘述喝茶
的文化，喝茶的美學。

〈飲茶歌調崔使君〉唐・釋皎然

「一飲滌昏寐，情來爽朗滿天地。再飲清我神，忽如飛雨
灑輕塵。三飲便得道，何須苦心破煩惱。」喝茶，神清氣爽，
煩惱頓消，快樂似神仙，逍遙遊人間。

〈汲江煎茶〉宋・蘇軾

「活水還須活火煮，自臨釣石取深清。大瓢貯月歸春甕，
小杓分江入夜瓶。雪乳已翻煎處腳，松風忽做瀉石聲。枯腸未
易禁三椀，坐聽荒城長短更。」[3]

蘇軾此詩道盡烹茶之要，「活水還需活火煮，」活水得其
鮮馥，東坡深知其理。而「自臨釣石取深清」，直入茶泉理窟。
全詩表達五意：水清一也，深處清二也，石下之水，非有泥土
三也，石乃釣石，非尋常之石四也，東坡自取，非遣卒奴五也。
詩中「雪乳已翻煎處腳，松風忽做瀉石聲。」此為倒裝句，尤
為詩家妙法，即少陵「紅稻啄餘鸚鵡粒，碧梧棲老鳳凰枝」的
翻版。而「枯腸未易禁三椀，坐聽荒城長短更。」又是翻卻盧
仝公案。[4]「一碗喉吻潤，二碗破孤悶，三碗搜枯腸，惟有文字
五千卷。四碗發輕汗，平生不平事，盡向毛孔散。五碗肌骨清，
六碗通仙靈，七碗吃不得也，唯覺兩腋習習清風生。」該詩原
名〈走筆謝夢諫議寄新茶〉，七碗茶不同的感覺，步步深入，
極為生動傳神。嗜茶如癡的蘇軾讚美道：「何須魏帝一丸藥，

---

[3] 《蘇文公詩集》，卷四十三，頁 1857。
[4] 盧仝，《七碗茶詩》。

且盡盧仝七碗茶」。……喝茶喝得全身無一處不舒暢，論學則學無止境，談詩則詩意盎然，話詞則詞趣無窮。談天說地，忽東忽西，古今縱論，議論風發，抵掌說天下可說之事，笑盡天下可笑之人，旁若無人。道盡了，說累了，茶喝完了，揮一揮手，不帶走一片雲彩。喝茶的意境，如人飲水，只有三昧得我心。

黃老師的勤樸得心自在的人生

　　老師祖籍福建莆田人。出身貧寒，未成年之前，曾經擔任文書抄寫人員，待遇微薄，月入 15 元。當時以饅頭為主食，甘之如飴，在家鄉完成師範教育。後來因逢兵亂，輾轉來台，遂立志向學。勤勉自勵，日以繼晷，發憤忘食，樂以忘憂，而以實事求是四字為依歸。終於完成師範大學國文系教育，繼續努力，任教於大專院校，升等副教授、教授。又到日本九州大學進修，榮獲文學博士學位，時近耳順之年。沒有顯赫傲人的家世，沒有家產萬貫的資產，只有自立自強的意志，力求向上發憤忘食的課讀。認為書不成誦，無以致思索之功；書不精思，無以得義理之益。讀書的境界在於成誦，以免「學而不思則罔」；在於精思，以免「思而不學則殆」的弊病。老師治學嚴謹，學富五車，遍及經學、諸子百家及詞曲、歷代文學等，又天資敏睿，才氣英發，文思泉湧，下筆千言，所以著作等身。《莊子及其文學》、《莊子及郭象》、《六十年來之莊子學》、《文心雕龍論文集》、《中學國文教材教法》、（晚學齋詩文論集》等，著作等身，不及備載。

　　黃老師任教資歷非常完整：自中小學、專科學校、大學、

研究所博碩生的指導教授，曾任淡江大學、國立師範大學等中國文學系教授兼系所主任，平易近人，和藹可親，口齒清晰，循循善誘。桃李滿天下，繼承衣缽，得老師家學嫡傳者，遍布全台，到處都有學生。凡是中小學教師、大專院校、以及研究所教授們，自稱其弟子者與有榮焉。

老師的溫文儒雅，生活簡約，衣著素樸。不抽菸，不酗酒，消瘦的中等身材，藉住家附近小山，日常步行走路，作為鍛鍊身體的健康，增強體能的訓練。在淡水任教時，還親自往返台北之間，領取食米、食油等配給，以供給家人的溫飽。他是身教重於言教的老師，學生的學習做人處事的道理，勝於珠玉，終身謹守，「由儉入奢易，由奢反儉難」的儉訓。從事教育工作，奉獻教育事業，但得天下英才教育為樂，春風化雨，享受精神的愉快。王陽明有言：「講習有真樂，談笑無俗流；緬懷風沂興，千載相為謀」。老師就是我的典範，亦步亦趨，無怨無悔。

老師的贈書與寄盼

王國維《人間詞話》：「昨夜西風凋碧樹，獨上高樓，望盡天涯路。衣帶漸寬終不悔，為伊消得人憔悴。夢裡尋他千百度，驀然回首，那人正在燈火闌珊處」。

大約十六年前的一個上午，我的論文寫作遇到瓶頸，提出構想請老師指正，老師發現我如大海中的無舵孤舟，二話不說，從書房裡找出一套線裝書交給我，我接過書就告辭而歸，回家後開卷閱讀，居然是「王陽明 標註傳習錄」。因宋明理學並非我的料，我開始閱讀有關作品，如專書著作及其專論。得

知明朝王陽明的《標註傳習錄》是促使明朝儒學的再現，也是孔孟儒學遺緒的發揚光大，更是促使日本近代維新運動的活力源泉，王陽明居功厥偉，是明代偉大的理學家，也是明代的大教育家。有關理學的闡述著作，多如牛毛，汗牛充棟，因個人終身以教育為志業，於是乃從教育哲學解構探究，抒論王陽明在明代教育擁有孔子在春秋時代的地位，對教育有著與眾不同的理念，以及學制的建構，課程的訂定，出類拔萃，崇高的教育地位。藉此完成老師的贈書與寄盼，以為薪盡火傳之作，庶無負老師之寓意。

　　清初張潮有言：「少年讀書，如隙中窺月；中年讀書，如庭中望月；老年讀書，如台上玩月。皆以閱歷之淺深，為所得之深淺耳。」《幽夢影》。其讀書境界雖有不同，如人飲水，冷暖自知。不論是窺月、望月、玩月，或是樂山、樂水，只有自己獨享，旁人何能分享？　　學生陳正雄謹誌

前　言

　　世代有變化，則文化有更替，而學術有演進。所以時代的不同，牽動著人民生活環境而遷善優渥，如此，新的學術思想為之潛移默化，以為新生活的適應與活化。

　　中國自肇建伊始，立國久遠，逮秦漢統一以後，專制君權，定於一尊，歷經漢、晋、隋、唐，朝代雖有更替，文化、學術與人民生活則日新月異，進步神速。迄趙宋杯酒釋兵權之後，明令不殺天下文人，中國學術於宋代定於一尊。漢人的訓詁，唐人的詩文，已是燦爛備至，難與爭鋒。宋人雕版印刷備置風行，文化與生活優渥，於是獨闢蹊徑，開發性理之學。

　　宋明理學本書藉著宋代理學的蓬勃發展，簡要敘述宋代的理學名家，以為學術的發展，如細水長流，歷經時代的變化，文化的成長，以及人民生活的日趨富足，學術探究日益精湛，超越前代，不曾間息，所以有略敘宋代周敦頤等五大名家，以為王陽明心學與教育的前言，而陽明的學術思想淵源有自。

　　至於西方近代的盧梭等三大名家，以為東西教育名家雖地區、年代、種族的不同，教育理念雷同的相互輝映。

陳　正　雄　謹　識

民國一〇九年八月三日

王陽明的心學與教育

目　次

緒　說

一、宋朝理學家與教育

周敦頤　程顥　程頤　張載　朱熹

綜觀古今中外，凡是思想家必然是教育哲學家，宋代理學家自然也是教育家，試略述如後：

周敦頤（1017-1073）

字茂叔，號濂溪，宋營道（今湖南道縣）人。少孤，八歲（北宋天聖三年）時，隨母鄭氏依親，寄養於龍圖閣學士鄭向舅父家。景祐三年（1037），向奏請任縣府主簿，判案有作為，得人民愛戴。熙寧初，藉趙公（清獻）及呂正獻公的推薦，任職郎中。熙寧初，以疾乞知南康軍，因家廬山蓮花峯下，取故居濂溪名之。〈廬山之麓有溪焉〉宋神宗熙寧五年（1072 年）於此創辦濂溪書院。次年病逝，年 57。神宗賜諡「元」，人稱「元公」。散文以「愛蓮說」稱善。文曰：「水陸草木之名，可愛者甚蕃，晉陶淵明獨愛菊，自李唐來，世人甚愛牡丹。予獨愛蓮之出淤泥而不染，濯清漣而不妖；中通外直，不蔓不枝；

香遠益清，亭亭淨植，可遠觀而不可褻玩焉。予謂菊，花之隱逸者也；牡丹，花之富貴者也；蓮，花之君子者也。噫！菊之愛，陶後鮮有聞。蓮之愛，同予者何人？牡丹之愛，宜乎眾矣。」

周敦頤著〈愛蓮說〉，表示對蓮花情有獨鍾，成為人人喜愛不朽的作品。藉此表達個人的托情寄意，言外之音，細細咀嚼，芬芳清遠，令人回味無窮。奇文雋美，寓意深遠。它屬於議論散文，並有教育思想存焉。明代吳訥〈文章辨體序說・類序〉：按說者，釋也，述也，解釋義理而以己意述之也。吾以為說者，有論之意，如韓愈〈師說〉、柳宗元〈捕蛇者說〉周敦頤〈愛蓮說〉皆是也。周敦頤上承孔孟，下啟二程。周氏只是愛蓮花的特立獨行，不受世俗污染。

周敦頤教育思想

周氏著《周子通書》：「誠者聖人之本。大哉乾元，萬物資始，誠之源也。至善者也，故曰一陰一陽之謂道，繼之者善也，誠之者性也。」〈誠上第一〉。「誠」是成為聖人人格必備的要件，「誠」也是天地之間最偉大最自然的條件，宇宙之中的萬事萬物起源的憑藉依賴。若不誠則不能做個人，若不誠則不能做件事。這是周敦頤教人為善進德修業以「誠為第一」的教育思想。周氏是宋朝理學開山祖師，更塑造儒家聖人君子的人格意境。王陽明在心學的論述以「誠」為依歸。

《太極圖說》：「道者，陰陽變化之理也，亦即宇宙運行自然變化的法則。是以君子修行，順從自然的運行即變化，是為善承德。小人作為違背天地自然的運行變化，必得凶災。」《重編宋元學案》故俗話說：「人在做，天在看」。多做善事必得善

終，多行不義必自斃。此為周敦頤發揚孔子君子教育思想的表現。王陽明的人性良知，肯定性善，與周敦頤的教育主張，繼承孔孟遺緒，功不可沒。世人謂周敦頤乃得自孔子的儒學遺緒，儒學在宋朝文化居於中流砥柱的地位。

程顥（1032-1085）

字伯淳，號明道，世居中山，後遷為河南洛陽人，世稱「洛學」。父珦，大中大夫。程顥生而秀外慧中。逾冠中進士第，初任鄠縣（陝西戶縣）主簿，後遷上元縣（或為江寧縣）。程顥為政，以天理為核心，歸諸唯心主義的理學體系，發揮孟子的心性之學，孟子學派的性善論，更加深化。民以事至縣者，必告之以孝悌忠信。欲辦事者，或持牒逕至庭下，程顥從容理其曲直，無不釋然而歸。宋神宗素知其名，每召見，從容咨訪，將退，則曰：「卿可頻來求對，欲常相見耳」。其從政以視民如子為目標，歷久不衰，仁心仁術為手段，無論是治事訟案救災治水，無不順利完成。待人謙恭有禮，誠於中而形於外，拗相公王安石雖與之不合，但以其忠信而不深怒。哲宗立，召為宗正丞，未行而卒。享年 54 歲。

程顥詩：「閒來無事不從容，睡覺東窗日已紅。萬物靜觀皆自得，四時佳興與人同。」〈秋日偶成〉其詩敘述生活的閒逸與寧靜，無憂無慮，悠然自得。宋朝慧開法師：「春有百花秋有月，夏有涼風冬有雪。若無閒事掛心頭，便是人間好時節。」佛道融入儒家者若是。因喜歡「萬物靜觀皆自得」、「若無閒事掛心頭」句中「靜」、「閒」二字，遂並列於此，以為奇特。

程顥教育思想：二程洛學，認為知識的本源，來自天理。

天者，理也；〈定性書〉：「指心便是天，更不可外求。」〈識仁篇〉：「仁者渾然與物同體，義禮智信皆仁也。」

認識此理，以誠敬存之而已，不須防檢，不須窮索。」故曰；「君子之學，莫若廓然而之不足，顧其端無窮，不可得而除也。」《重編宋元學案・一》程顥於嵩陽、扶溝等地設立學庠講學，一系統的教育思想，教育的目的，乃在於培養聖人的君子作為。君子之學，必至聖人而後已，不至聖人而自己者，皆棄也，與王陽明教育宗旨人人皆企及聖人相同。在洛陽講學十餘年，個性溫和，活潑自然，受教弟子如沐春風，感念師恩。

程頤（1033-1107）

北宋洛陽伊川人（河南省伊川縣），字正叔，世稱伊川先生。父程珦，母侯氏。宋神宗熙寧五年（1072）與兄程顥於嵩陽講學，世稱「二程」。

宋神宗元豐元年（1078）除祕書省校書郎。治平熙寧間，大臣屢薦皆不起。宋哲宗元祐元年（1086）哲宗初立，司馬溫公光、呂申公公著其疏上其行義，詔以為西京國子監教授，力辭。尋詔赴闕，擢崇政殿說書。伊川在經筵，每當進講，必宿齋預戒，潛思存誠，冀以感動上意。伊川容貌莊嚴，於上前不少假借。時文路公彥博以太師平章從事，侍立終日不懈，上雖諭以少休，不去。其時神宗崩，而蘇軾在翰林有重名，文士多歸之，兩家門下迭起標榜，遂分黨為洛蜀。紹聖間，讒論削籍，竄涪州（四川涪陵縣）。徽宗崇寧二年（1103），范致虛言：「程頤以邪說詖行，惑亂眾聽。而尹焞、張繹為之羽翼。事下河南府體究，逐學徒，禁黨籍，四方學者猶相從不舍。」五年，復

宣義郎致仕。大觀元年（1107）九月庚午，卒於家，享壽七十五。接學生以嚴毅，嘗瞑目靜坐，游定夫、楊龜山立侍不敢去。久之，乃顧曰：「日暮矣，姑就舍。二子皆退，則門外雪深尺餘矣。」明道嘗謂曰：「異日能使人尊嚴師道者，吾弟也。」

　　伊川學本於誠，「誠者，聖人之本。大哉乾元，萬物資始，誠之源也。」《通書》以《四書》為指南。教育以德為重，以自我修養為主，經由格物致知以成，致知乃在於窮理，即盡天理，而致知的方法在格物，格物內感於物而識其理，所以耳目視聽有限，心無限，心無遠近，故識物在心。主張學貴思考，如「學而不思則惘，思而不學則殆」；舉一反三，自動學習；影響當代教育思想極大。曾言「餓死事小，失節事大」，認為婦女宜從一而終，抑制人欲。伊川聞誦叔原「魂夢慣得無拘檢，又踏楊花過謝橋」。笑曰：鬼語也。〈叔原，晏殊 幾道 鷓鴣天。小令尊前見玉蕭〉程頤治學本於誠，教育以德行為重，自我修養為主軸；而格物致知以為治學手段，已有王陽明提供方向，其來有自。伊川著作：《程伊川文集》、《程氏易傳》。

張載（1020-1077）

　　字子厚，人稱橫渠先生，世居大梁。父迪，仕仁宗朝殿中丞，知涪州（四川涪陵縣），卒於官，時橫渠 11 歲。遂客居鳳翔郿縣橫渠鎮人。後世稱橫渠先生，他是二程的表叔。橫渠生於宋真宗天禧四年（1020）少孤自立，志氣不群，喜談兵，宋仁宗康定年間（1040-1041）因西夏入侵，宋朝用兵亟急，慨然有從軍之志，遂上書謁范文正公，公授予《中庸》一編，幡然大悟，棄釋老，讀六經。仁宗嘉祐二年（1057）年三十八舉進

士，熙寧初，遷著作佐郎，簽書渭州軍事判官用。中丞呂正獻公薦，召對，問治道，神宗方勵精於大有為，悅之，曰：「卿宜日與兩府議政，朕且大用卿。」除崇文院校書。時王安石執政，橫渠反對新法，按獄浙東出之。熙寧十年（1077）復謁告歸。中道疾作，抵臨潼，沐浴更衣而寢，旦視之，逝矣，時十年十二月。年五十八。

張載　教育思想

橫渠一生主張儒家的實學，強調經世致用為本。而對天文、曆算、軍事、政治等都有成就。從天道說起，由《易傳》解釋入手，宇宙的本體是氣，氣的本體狀態是太虛。氣具有陰陽對立的屬性，永遠處於運動的屬性，它的運動狀態。氣聚，則成為萬物；氣散，則歸於太虛。認為宇宙之間萬物本是同一的結論。所以《正蒙·乾稱篇》：把天地宇宙視為一個大家庭，人人應該親近同類和萬物。民吾同胞，物吾與也。橫渠的四句格言：「讀書人為天地立心，為生民立命，為往聖繼絕學，為萬世開太平。」《宋元學案》表現儒家強烈的使命感，讀書人應有的志氣。張載有「正蒙」之作，而王陽明有「訓蒙」之說，世代相去雖遠，氣息則相接不已。

著作：《正蒙》最後遺作，思想總結。《張子全書》明·沈自彰，15卷。

朱熹（1130-1200）

字元晦，號晦庵，徽州婺源人（江西）。父韋齋先生松，第進士，歷官司勳吏部郎。以不附和議，忤秦檜，去國。行誼

為學者所師。建炎四年（1130）罷官。九月十五日朱熹生於鄭
氏草堂，自幼穎悟，五歲讀孝經，即曰：「不若是，非人也。」
年十九（1149），登進士，授泉州同安主簿。紹興三十二年（1162）
高宗內禪，孝宗即位，上封事：「帝王之學，格物致知」為先。
隆興元年（1163），復詔對，「大學之道，在乎格物以致其知。」
再次強調格物致知為治國做事的根本。淳熙五年（1178）知南
康軍。淳熙十四年（1187），得楊公萬里薦舉，除提點江西刑獄，
乃以「正心誠意」四字上奏，帝優容之，除直寶文閣，又辭。
逮孝宗崩，光宗禪位，寧宗繼立，趙汝愚為相，薦除煥章閣待
制。慶元六年（1200）三月，疾終於福建建陽考亭，享壽七十
一。諡文，稱朱文公。又稱紫陽先生，考亭先生。集宋朝理學
之大成。又稱朱子。曾在嶽麓書院講學，被譽為蒲湘學派。又
重建白鹿洞書院，敦請呂祖謙、陸九淵等名家講學。並撰寫白
鹿洞書院學規，勉勵學子治學途徑、教學內容、教學目標等教
育綱要。自南宋至清初，中國重要的文化搖籃，與嶽麓、睢陽、
石鼓並稱天下四大書院。

朱熹教育思想

　　朱熹白鹿洞書院學規的教育大計，乃朱子觀察古代聖賢教
人為學的立意，以為倫理道德為首要，揭櫫五倫為教學總目
標。其次是為學的秩序，博、問、思、辨，重視學以致用的篤
行。但窮究外在事物之理，並不是務記覽、為辭章，以為沽名
釣譽、以取得利祿為高。至於待人做事的基本原則，都是聖賢
教人方法，而且保存在經典，務必講解義理，俾使學生入乎耳
存乎心，以修其身，推以及人；學以致用，積極作為。己所欲，

施於人。近代各個學校，都立學規，待學生甚是淺薄，且其訂定學規，並非合乎聖賢之意。若學生不能戒謹恐懼，世俗學規，亦不得不取，學規不能忽略。共同勉勵，全力以赴。

朱熹的經學、史學、文學、自然科學、訓詁考證等，治學廣泛，研究精湛，是宋朝集理學之大成，建立唯心論的理氣二元論體系。認為理氣不相離，不見理先氣後，理是物質世界的基礎和根源。韓侂冑以為朱熹迂腐，不識時務，不宜再用。寧宗慶元二年（1196），監察御史沈繼祖彈劾朱熹。慶元四年（1198）朱熹學說被斥為「偽學」。嚴令禁止。規定凡是「偽學」中人，一律不能在朝為官。迄明清始列為理學正宗，性者，人所具天之理。氣質之性，存天理，滅人欲，為儒學精髓，聖賢千言萬語，指示教人明天理，滅人欲。從王陽明的〈朱熹晚年定論〉文章中，得知陽明對朱子教育主張有取有不取，有褒有貶，理學的認知不同而有不同，格物致知的見解各有殊論，有相承有背離，自有主張罷了。

著《四書章句集注》、《太極圖說解》、《通書解》、《周易本義》、《近思錄》、《通鑑鋼目》、《宋名臣言行錄》、《楚辭集注》等。其中以《四書章句集注》影響明清科舉考試厥為重要。（《中國學術史述論》）

二、近代西洋傑出教育名家

盧梭　康德　杜威

文藝復興源於 13 世紀晚期的義大利佛羅倫斯，普遍影響

整個歐洲，激發 16 世紀有關文學、哲學、藝術、政治、科學、宗教，學者在學術研究中使用人文主義（Humanism）的方法，並在藝術創作中追求現實主義（Realism）與人類的情感。與王陽明時代卻有相同，彼此並不相應或影響。

盧梭其人其事

盧梭（1712-1778）原名（Jean Jacques Rousseau）盧梭傳羅曼羅蘭著（Romain Rolland 1866-1944），陸琪譯。

法國啟蒙運動期最偉大思想家，也是法國散文家、小說家、哲學家。生於日內瓦，生後數日，母親即逝。由姨媽扶養長大成人。少年讀書不多，後來得到教會資助，發憤勤學，努力不輟，終於成為大學問家。1743 年以後，參加政治活動，首先出任駐威尼斯大使館秘書，因感情糾紛而離職。遂專心從事寫作，作品中對宗教、倫理制度大肆抨擊、批判，因盧梭愛好自然，教會不以為然，下令將其作品列為禁書，且充軍離開巴黎。後來流落英國，醉心休謨[1] 哲學。1770 年回巴黎，猝死於1778 年。著作《愛彌兒》1762、《民約論》1762、《懺悔錄》1788等。當年 37 歲 1949 年時，他看到第戎學院徵文通告：「科學和藝術的進步，是使道德改善？抑使道德敗壞」？使他的心靈非常震撼，顯現真正他的生命活力。他認為社會的罪惡、腐敗、不公正，都顯露出來，他第一次的回響，啟示不曾揣度的社會使命。

---

[1] 休謨（David Hume 1711-1776）英國人，學習商科，遊學法國，苦學自修四年，飽讀群籍，充實學識。出使奧地利，五十二歲為駐法大使。1769年退休，著述為生以終。著作：人類悟性探微（1748 年）倫理規範探微（1751 年）自然宗教對話錄（1779 年）。

盧梭教育思想

盧梭主張人類宜回歸自然

是當代十七、八世紀潮流背叛的天才，當時思想主流以理智、規律來主導人類的行為，也是學校或社會上的教條，在盧梭的心坎裡，產生反抗的情緒，因為大多數的人，只有完全的盲從。盧梭認為個人的生活，應擺脫似是而非規律教條，回歸自自然然的狀態，活在天真爛漫的生活裡。回歸自然（Return to Nature），便是盧梭的標竿。盧梭的主張，在政治上引領法國的大革命，在文學上促成浪漫主義的風行。以《愛彌兒》一書為其教育理念提供許多意見。

盧梭認為文明愈進步，人心愈墮落，社會愈腐化

對人類的起源，是各自獨立的自由自在的生活著，後來形成群聚的生活，私有財產的佔為己有，於是帶來利益的爭奪，猜疑和憎恨的情緒，越是文明越是強烈。於是人類為保護個人的利益，有利者以正義和安寧作為藉口，設立法則制度以維護自己既得利認為益，階級制度於是生焉。文明愈進步，人心愈墮落，社會愈腐化；自然的自由自在的生活，再也回不去了。為了改善文明的弊端，只有從教育著手，於是提倡自然主義的教育，遂有《愛彌兒》的教育名著。

盧梭：人性本善的理論

任何東西從自然到造物主手上出來時，都是善良的，到了人類的手上便成為惡了。教育的方法必然是自然的，因此，兒童教育並不是用權力或用外力的強制灌入，只能止於祛除足以

阻礙自然開發的事物。學生所學習的收穫，是靠自己的努力和實驗所獲得，才是真正學生的所得。所謂教育，是學生自動自發學習的成果，依據個人的性格而開花結果；老師的教學應該重視個別差異的施教，注意學生不誤入歧途，至於身心的發展，自然就好了。與王陽明重視兒童教學，如〈訓蒙大意〉相互輝映。

康德是古典哲學創始人

原名 Immanuel Kant 伊曼奴爾·康德（1724-1804）享壽 80 歲。

生於德國科尼士堡一個新教家庭。幼年的虔誠宗教信仰，對於後來的人生有重大的影響。1740 年進入大學，1755 年始通過博士學位考試。獲得講師的資格，展開執教的教學工作。生活清苦並不優裕，1770 年升等教授，生活獲得改善。他的一生，固守科士尼堡，鮮少走離遠門，他的學識在於自己的苦讀，以及善於思考。他是啟蒙時代的哲學家，德國古典哲學創始人，開啟德國維心派主義，近代西方哲學受到深遠的影響。

康德的道德哲學教育思想

康德的道德教育思想，透過教育學的理念，導正學生的人格教育，藉此立己在社會上的為人處事，發展自己的個性，促進社會的進步。實現道德教育的最終目的，再以人格的自律法則來改造品格的陶冶。至於學藝與技術的學習，培養虛心、誠實、謹慎的做事態度，是教育不可或缺的訓練。學生在校學習

的第一要件，就是立定志向，立志養成優良的品德。而在立志
以後，貴在持之以恆，培養良好的品德，以備將來為社會盡義
務，回饋社會。與王陽明〈教條示龍場諸生說〉有異曲同工之
妙的教育觀念。

　　學校的管理，不可不管，於是對學生管理。但是康德的的
主張：道德、良知以自律為原則，不是他律。不贊成訓導工作
的獎懲辦法，以免降低兒童道德的尊嚴，使學生成為他律的
人。道德律的培養，不可將善惡與賞罰為手段，實施道德教育
的前提，必先放棄懲罰，受罰必須得當。以免成為奴隸性，以
免自尊心受損。使用道德與自然的懲罰，不服從的學童，不給
其滿足的慾望，促進道德的成長，最好的方法，讓受罰者自己
承當接受錯誤的結果。

參考牟宗三心體第一冊綜論

牟宗三譯註《康德的道德哲學》，1983，台北市，學生書局，
　　知與行？

王欣宜〈康德道德思想對目前國小道德教育的啟示〉，《教
　　育研究》，1997，第 5 期，頁 331-343。

葉重新〈從德育的道德教育思想論我國的道德教育〉，《中
　　華文化復興月刊》，1985，18 卷第 61 期，頁 19-24。

杜威　（John Dewey）1859-1952

生平略述

　　生於美國法而滿州的布凌吞，畢業於布凌吞州立大學。1882年在霍金士大學獲得博士學位，1888年當明尼蘇達大學哲學教授，次年轉任密西根大學，五年後任教芝加哥大學，再轉哥倫比亞大學。1919年到中國，任北京大學哲學教授，二年後回美國。杜威大力提倡實用主義的思想家，實用主義的學說在教育方面的推廣，不遺餘力，為近代教育注入一股新生的活力，居功厥偉。

杜威的教育思想

教育即生活：〈Education is Living〉

　　杜威的教育認知，基於實用主義的觀點，它是兒童的生活、成長、以及經驗改造的過程。既然是過程，必然具有延續性、變動性以及擴張性，年齡的增加，活動行為的改變，生活空間的放大；因此，教育不斷的更新，兒童生活隨著教育而成長，所以教育即是生活的過程，而不是將來生活的準備。至於教育課程的內容，以實用為起點：（1）以培養生活的統一性（2）科目適合兒童本身的活動性（3）課程編制注意廣大群眾的共同要素。

學校即社會：〈School is Society〉

　　學校是社會的雛型，就是小型的社會。兒童在學校裡的各種活動，也是社會活動的表現。學習的範圍，（1）學校的生活

就是社會的生活（2）包含校內與校外的學習。為落實學校即社會的教育目標，使青少年逐步漸進吸收複雜的文化，但必要排除社會中沒有價值的文化，而創造不受社會團體限制的文化。

做中學〈Learning by Doing〉

做中學其意義就是從經驗中學習，它的要點：（1）促使兒童主動的學習，在學習過程中得到做事的要領，從不知到有知，從有知到真知；熟能生巧，積巧生智，智明則無過矣。（2）順從兒童自然欲望的表現，（3）編寫教材以兒童為中心，教材生活化，祛除艱澀不合時宜的教材。教學過程鼓勵兒童參與討論，引導學童發言發問，藉以提高兒童學習興趣。（4）重視教材的連續性，教材與實際性的連動。與王陽明「訓蒙大意示教讀劉伯頌等」重視兒童啟蒙教育，有異曲同工之妙。

上篇　王陽明的心學

一、王陽明生平

王陽明（1472-1529），名守仁，字伯安，浙江餘姚人。因曾築室故鄉陽明洞中，自號陽明山人，故世人皆稱陽明先生。陽明是中國歷史上少有的政治、武功、心學兼備的儒家偉大人物，具備儒家內聖外王的人格。門人徐愛[1]有言：「先生明睿天授，然和樂坦易，不修邊幅。又嘗氾濫於詞章，出入二氏之學。驟聞是說，皆目以為立異好奇，漫不省究。不知先生居夷三載，處困養靜，精一之功，固已超入聖域，粹然大中至正之歸矣。」[2]

童年生活　頭角崢嶸，稱譽神童

王陽明生於明憲宗成化八年九月三十日（1472.10.31），祖籍浙江紹興府餘姚縣。父親王華係成化十七年（1481）狀元，

---

[1] 愛，指徐愛（1488-1518），字曰仁，號橫山，浙江餘杭人，舉正德進士，官至南京工部郎中。徐愛是王陽明妹夫，陽明貶謫貴州時，即入室稱弟子，是陽明第一位弟子，有王門顏回之稱，惜英年早卒。得年31。

[2] 《傳習錄校釋》上，頁1-2，〈徐愛引言〉。

為官清廉端正，深得明孝宗器重。曾任禮部侍郎，正德年間因得罪宦官劉瑾[3]，外遷南京兵部尚書，因坐事被罷。後瑾敗，乃復職。侍母至孝，母百餘歲而後卒。陽明出生時，祖父王倫取名王雲。到五歲還不會說話，後改名為守仁，才開口說話。天資聰敏，雖生於書香門第，七歲時因貪戀下棋，忘記回家吃飯，母親一氣之下，將棋子拋進水裡，見棋子隨波逐流，乃哭之以詩：

「象棋在手樂悠悠，苦被嚴親一旦丟。兵卒墮河皆不救，將軍溺水一齊休。馬行千里隨波去，象入山川逐浪遊。炮聲一響天地震，忽然驚起眾士愁。」〈哭棋子詩〉

陽明十歲時，路過金山，有人提議作詩詠金山寺。陽明援筆書寫立就：「金山一點大如拳，打破維陽（鎮江）水底天。醉倚妙高台上月，玉簫吹徹洞龍眠。」（金山）眾人莫不叫好。又有人提請〈賦蔽月山房詩〉，隨口誦曰：「山近月圓覺月小，便道此山大於月。若人有眼大如天，當見山高月更闊。」令座中賓客嘖嘖稱奇，以為神童。其時陽明十二歲。

陽明年輕的時候，即到京城讀書。之後，年十五，出居庸關、山海關等處遊覽，觀察山川形勢，增長見識，培養志氣，作為將來立德立功立言的基礎。

3　劉瑾，生於景泰二年，卒於正德五年（1451.15.10）。本姓談，入宮，為劉太監屬下，遂改姓劉。後入東宮，因擅長演戲而得寵。弘治十八年（1505）孝宗崩，太子朱厚照（15歲）即位，是為武宗。造豹房，提供皇帝遊樂，遂為八虎之首。正德五年（1510）安化王朱真鐇討伐劉瑾為名，武宗重用楊一清平亂。拉攏張永，密奏劉瑾謀反，武宗派禁軍抄劉瑾家，查得金銀千萬之數，依法處死。

青年格竹，心路歷程，豁然開朗

　　十七歲時，王守仁到南昌，與諸養和的千金諸氏結婚。當天守仁失蹤，遍尋不著。原來守仁逛進鐵柱宮，巧遇一位打坐道士，請問長生之理。遂與之靜坐忘歸，迨第二天岳父尋得才回家。十八歲時偕夫人諸氏回餘姚，船過廣信（浙江省上饒市），陽明拜謁婁諒[4]，婁諒講授格物致知之學，陽明專注受教，心甚傾之。其後又求教於湛若水[5]，得聖人可學而治之理念，遂遍讀朱子[6]著作，思考其「物有表裡精粗，一草一木皆具至理」的學說，為了實踐朱子的格物致知的理論，曾經體驗朱子格竹功夫。格了七天七夜，什麼都沒得，卻病倒了。從此陽明對朱子格物致知的學說，產生高度懷疑，這就是陽明格竹的心路歷

---

[4] 婁亮，字克貞，號一齋，明上饒（江西）人。年少有志於聖學，聞有學識淵博、德高望重者，咸求見拜於門下，勤勉不輟。景泰四年（1453）中舉，官成都訓導。不久，辭官。即從撫州吳與弼學。王陽明回餘姚途中，於廣信（江西上饒）拜謁婁亮。其治學主敬窮理，即以收心放心為居敬之門，以何思何慮、勿助勿忘、為居敬要旨，乃承朱氏之學。黃宗羲盛讚以為姚江之學的發端。

[5] 湛若水（1466-1506）：字元明，號甘泉，學者稱甘泉先生。廣州東增城紗縣人。弘治十八年（1505）登進士第，官至南京禮吏兵三部尚書。卒諡文簡。甘泉為陳獻章之後，嶺南學派主要領導人。曾見甘泉精舍於南嶽衡山紫雲峰下，後人稱甘泉書院，天下靡然從之，號陽明之派曰浙宗，甘泉之派曰廣宗。講學以隨處體認天理為宗，視仁與天地萬物為一體，主敬格物，著《湛甘泉集》。雖與王陽明不同，時稱「王湛之學。」

[6] 朱子（1130-1200）：字元晦，號晦庵，又稱紫陽先生。南宋徽州婺源（江西上饒市婺源縣）人。宋代程朱理學集大成者。學者稱朱子。生於福建尤溪縣鄭氏草堂，時宋高宗建炎四年，卒於宋寧宗慶元六年，享壽 71 歲。

程。也是陽明學術思想轉進的自我體認。〈文錄第四別‧湛甘泉序〉曰:「某幼,不問學,陷溺邪僻者二十年,而始究心於老釋,賴天之靈,因有所覺而始,乃沿周、程之說求之,而若有得標焉。」李生龍評述王陽明格竹的不當:「意在說明朱熹格物之說的不對,其實反暴露了他自己對格物理解的偏狹。他理解的理,純是倫理的理,而不是竹子之所以成其為竹子的道理。這樣到竹子身上去尋找倫理,又怎能不生病!」,此是令人感慨:心學家偏重倫理,而忽視對自然科學得探求,竟到了這個地步!《新譯傳習錄》,頁 538-539 李先生此論是否確當?猶待讀者品評。

朱子家境窮困,幼年聰穎。紹興十八年(1148 年)中進士第,時年 19 歲。歷經高宗、孝宗、光宗、寧宗四朝。曾建晦庵草堂於建陽,宋理宗賜名考亭書院,其學術衍流世稱考亭學派,或稱紫陽學派。朱熹係二程弟子李侗學生,輯大學、中庸、論語、孟子四書為教本,其後代科舉考試,莫不遵從。於〈白鹿洞書院學規〉,為學之序:學、問、思、辨,提倡篤行為治學的終極目標。近代國學大師錢穆先生推崇朱子始終如一,晚年撰《朱子新學案》,謂前古有孔子,近古有朱子。從中國文化史、思想史上相提並論。

科考中試居敬持志為讀書之本,循序漸進為讀書之法。二十一歲[7]參加鄉試中舉人,次年會試進士不第。乃轉而習武術,

---

[7] 王陽明 21 歲,清張廷玉等《明史》卷 196:「弱冠舉鄉試,學大進。一日,思先儒謂眾物必有表裡精細,一草一木,皆含至理。官署中多竹,取竹格之;沉思其理不得,遂遇疾,陽明自委聖賢有分,乃隨世就辭章之學。」

善射，講兵法。內閣李東陽[8]笑道，這次不中，來年科舉必中狀元。試做來科狀元賦，王陽明援筆立就，朝中諸老譽為奇才。二十五歲時又未考中，二十七讀朱子〈上光宗疏〉，「居敬持志為讀書之本，循序致精為讀書之法」，體悟治學以慢工出細活，鐵杵磨成繡花針，才是正道；貪得造次者囫圇吞棗，終於不得書中要義，學而時習之厥為首要。

　　弘治十二年（1499）二十八歲參加禮部會試，因表現卓越，終舉進士第。隨後授刑部主事，因舊病復發請歸，久之，再起兵部主事。

　　「明正德元年（1506），明朝政府的腐敗愈烈，貪婪愈深，對人民的經濟掠奪，殘暴的統治，在位的武宗朱厚照表現令人髮指。武宗就位之初，就大肆擴建皇莊，每一個皇莊，就是一個反動中心，斂財物，汙婦女，人民生活痛苦不堪。武宗的荒淫無度，劉瑾把持朝政，助紂為虐，御史戴銑等二十多人，羅罪後欲以刑殺，王陽明上疏營救，劉瑾怒，置陽明廷杖四十，貶職貴州龍場驛，〈貴州修文縣〉，撰寫〈教條示龍場諸生〉。」

　　《黃宗羲明儒學案》卷十，姚江學派概括其學術凡有三變：「王陽明之學，始氾濫於詞章，繼而遍讀考亭（朱熹）之書，循序格物，故物理吾心終別為二，無所得入。於是出入佛、老者久之。及至居夷處困，動心忍性，因念聖人處此更有何道，忽悟格物致知之旨，聖人之道，吾性自足，不假外求。其學凡三變而始得其門。由氾濫詞章而遍讀考亭（朱熹）之書，一變也，發生於陽明二十一第鄉試之後，而有庭前格竹三日，遂致

---

[8]　李東陽，生於正統十二年（1447）卒於正德十一年（1516）享壽 70。明代詩人、書法家、文學家。字賓之，浩西涯，湖南廣陵人，諡文正。

勞神成疾；七日之舉，無所得而疾甚，逐朱子之格物之理，而有思而不學則殆之悟；接著轉向佛老之學，因廷杖貶龍場驛丞，居夷處困，而悟聖人之道，吾性自主，以尊德行的心學為主軸，此為第三變也。蔡仁厚於王陽明哲學自序說：「他（陽明）成學前的三變，是真變 —— 異質轉變；悟道後的三變，則是同質的轉變，是同一系統的圓熟完成。」前三變是自我發現的過程，後三變是自我完成的過程。

思想演變　棄佛老，崇儒學

弘治十四年（1501）陽明曾遊歷九華山，訪問仙道，涉獵道家思想，次年歸越（會稽又名紹興）築陽明洞。而後遂有陽明先生的稱號，與道士王思語交往密切，期間陽明先生仍然崇尚儒家，擁護程朱理學，且大力鼓吹，避棄佛老，約略以為陽明先生思想的三變，究竟過程不易劃分界線。「先生明睿天授，然和樂坦易，不事邊幅。人見其少時豪邁不拘，又嘗氾濫於詞章，出入二氏之學。驟聞是說，皆目以為立意好奇，漫不省究。不知先生居夷三載，處困養靜，精一之功，故已超入聖域，粹然大中至正之歸矣」[9] 陽明先生天生睿智，聰穎過人，為科舉中式而努力，所以攻讀古文，乃順理成章之事；其後遂有道家佛學之鑽研，哲理之探究；而後得罪劉瑾而受廷杖貶職龍場，揚去早年的舊學，回歸儒家孔孟之學的鑽研，步上宋明理學以為正道。

---

[9]　《傳習錄校釋》上，頁 1-2。

陳來先生考論：「先生早歲舉業，溺志詞章；既而從事宋儒循序格物之學，顧物理吾心，終判為二，苦無所入；因求之釋老，出入久之，恍若有會於心；後二氏之說中不可付之日用，於是歸本於濂洛身心之學，尤契於甘泉（湛若水）所謂自得之旨；然終未能釋疑於求理之說，謫居龍場，再經憂患、沉默之餘，始大悟聖門格物之旨，學問大旨至此立矣。」[10]

龍場悟道，聖人之路，吾性自足

明武宗正德元年（1506）冬，宦官劉瑾獨攬大權，戕害忠良，逮捕戴銑[11]等二十餘人，陽明上疏論救，得罪閹黨劉瑾，被廷杖四十，皮開肉綻，謫貶貴州龍場（貴州修文縣治）驛丞，沿途還得躲避劉瑾派出刺客的追殺，歷經九死一生的險惡，終於到達中國西南邊陲地帶，苗族雜居的地方。陽明自以為如春秋時代的伍子胥，自悼詩云：「百年臣子悲何極，夜夜江濤笑子胥。」在龍場三年（1508-1510），動心忍性，對於大學的要旨，有了重新領悟：「心是萬事萬物的根本，聖人之道吾性自足」〈教條示龍場諸生〉，史稱「龍場悟道」。有一天，冰冷的夜裡，忽然憶起同窗汪俊字抑之。朱熹抒懷抑之：「一日復一日，去子日以遠。惠我金石言，沉鬱未能展。人生各有際，道

10　陳來《有無之境：王陽明哲學的精神》，頁325。
11　戴銑，字寶之，徽州婺源人（江西）。弘治九年（1496）登進士第，改庶吉士，授兵甲給事中，遷南京之科。武宗即位，宦官劉瑾專權橫暴，正德元年（1506）上疏救劉健、謝遷等人，觸犯劉瑾，死於廷杖。著有《朱子實紀》。

誼尤所眷。嘗嗤兒女悲，憂來仍不免。緬懷論舟期，聊已慰遲晚。」當陽明亡命天涯，夜宿杭州城外勝果寺，曾書絕命詩一首：「學道無成歲月虛，天平至此欲何如。生曾許國漸無補，死不忘親恨不餘。自信孤忠懸日月，豈論遺骨葬江魚。百年臣子悲何極？日夜潮聲泣子胥。」[12]年譜武宗正德元年先生三十五歲上封事，下詔獄，謫龍場驛丞三年，三十七歲，至龍場驛丞，三年，三十九歲，「陞盧陵知縣共三年遠也。」[13]其時陽明自我成長，且教化夷族，得教學相長，獲益良多。處困養靜精一之功，固已超入聖域，粹然大中至正之規矣。「聖人之道，吾性自足，向之求理於事物者，誤也。」求理於事物者，即是求理於心外，是朱子的主張。[14]「使其無是理於內，則何以有是端於外？尤其有是端於外，所以必知其有是理於內，而不可誣也。」正德四年（1509）劉瑾伏誅，陽明遇赦東歸，路過滁州（南京管轄）除夕，舟中首詩曰：「逐客天涯有歲除，孤航隨處亦吾廬。也知世上風波滿，還戀山中木石居。」[15]

孟子曰：「聖人百世之師也，伯夷、柳下惠是也。奮乎百世之上，百世之下，聞者莫不興起，非聖人而能若是乎！而況親炙之乎！」[16]「徐氏愛是言，其亦有所親炙而興起者乎。」[17]

不久，劉瑾被誅，陽明升遷盧陵縣令（江西吉安），再升南京刑部主事，吏部尚書考功司郎中。正德七年（1512）再遷

12　《王陽明全書》頁 20。
13　《傳習錄標註》上。
14　《宋元學案》第二冊卷 44〈晦翁學案〉
15　《王陽明全書》頁 25。
16　《孟子‧盡心下》。
17　《傳習錄標註》上。

南京太僕寺少卿，正德九年（1514）改鴻臚寺卿。

　　有一天，學生薛尚謙、鄒謙之、馬子莘、王汝止等侍坐，陽明說：「自征寧藩以來，天下謗議益眾，諸個言其故。」諸生皆言謗議者的不是，陽明曰：「我在南都以前，尚有些字鄉愿的意思在。我今信得這良知真是真非，信手行去，更不著些覆藏。我今才做得個狂者的胸次，使天下人都說我行不掩言也罷。」尚謙出，曰：「信得此過，方是聖人的真血脈。」[18] 薛尚謙等諸生皆挺陽明老師，以為外人批評不當，認為忌妒、謾罵、毀謗，無不惡意攻擊。但陽明卻聽而不聞，不予理會。如曾子言：「吾日三省吾身：為人謀而不忠乎？與人言而不信乎？傳，不習乎？」[19] 聖賢的自我反省，以寡己過，可以無悔。古人有言：「攻吾之短是吾師也。」

　　陽明曰：「千里皆過影，良知乃吾師。身之主宰便是心，心之所發便是意，意之本體便是知，意之所在便是物。」體悟做學問貴在專、貴在精、貴在正。[20] 陽明與湛甘泉交好，《別湛甘泉序》：「顏子沒而聖人之學亡。曾子唯一貫之旨傳之孟軻，終又二千餘年，而周（敦頤）程（顥）續。自是而後，言益詳，道益晦；析理益精，學益支離無本，而事於外者益繁以難。[21] 而詩曰：「處處中秋此月明，不知何處亦群英。須憐絕學精千載，莫負男兒過一生。」

18　《傳習錄校釋》下，頁 172。
19　《論語·學而》。
20　《王陽明全書》，頁 33。
21　《王陽明全書》，頁 56。

功業彪炳，大明軍師之讚譽

撫平匪亂

明武宗正德十一年（1516）陽明四十五歲，受到兵部尚書王瓊的舉薦，升為都察院左僉都御史，巡撫南贛福建等地。當時江西福建交界山區爆發民變，謝志山據橫水、池仲容據浰頭等地稱王，與大庾嶺陳曰能、樂昌高快馬、彬州龔福全等互通訊息，依據山險，發動攻擊縣府。巡撫文森托病離職，陽明銜命坐鎮指揮平亂。

正德十三年（1518）正月，平定池仲容，遂設和平縣，興辦縣學，以為教化人民。七月陽明上奏，朝廷准予招安撫慰匪亂，陽明親自前往勸降，不戰而定。不嗜殺人者而能平亂，真儒將也。

捉拿寧王

陽明一生最大的軍事功績，就是平定寧王宸濠之亂。當陽明平定福建匪亂之後，寧王朱宸濠突然舉事興兵，陽明積極備戰，並發出討賊檄文，昭告寧王的罪狀，召集各地義軍。陽明是個讀書人，使用孫子兵法運用虛實的情報戰，擾亂寧王的判斷，做出錯誤的布陣。又利用反間計，誘騙寧王上當，遂使寧王猶疑不決，錯失用兵良機，最後兩軍決戰。陽明採用諸葛亮在長江火燒曹操的赤壁之戰模式，一舉殲滅寧王部隊。陽明花費三十五天，大獲全勝。因此，有大明軍神的美譽。

正德十六年（1521）皇帝朱厚照去世，朱厚熜繼位，因陽明平定寧王之亂，功業卓著，特敕封其為新建伯。

再現，鏗然捨瑟春風裡，點也雖狂得我情。

「守仁事不師古，言不稱師。欲立異以為高，則非朱熹格物致知之論；知眾論之不予，則為〈朱子晚年定論〉之言。號召門徒，互相倡和。才美者樂其任意，庸鄙者藉其虛聲。傳習轉訛，背謬彌甚。宜免追奪伯爵以彰大信，禁邪說以正人心。」嘉靖三年（1524）陽明應南大吉邀請，到稽山書院講學，有詩曰：「影響尚疑朱仲晦，支離羞作鄭康成。鏗然捨瑟春風裡，點也雖狂得我情。」《明史·王守仁傳》

陽明乃實踐儒家思想的孔、孟繼承人，繼承陸九淵、程頤理學的遺緒，稱王學。倡知行合一之說，即知即行，強調心即是理，心外無理的主張。在各地講學，弟子眾多。尤其觸怒劉瑾貶龍場驛於陽明洞居靜修道，參透佛老之道而創陽明學派，明代稱姚江學派。對於明代晚期情慾思想，正面主張和影響，居功厥偉。因此，正視人欲與天理，不以為是對立，給於正面的接受。並且擴大影響日本的明治維新運動，明代儒家孔孟思想在明朝得到發展與延續，在明朝得以正面發展，孔孟思想不被中斷，陽明之功業，無人可以逾越，明代發揚儒學現代化的哲學家、教育家。[22]

病逝歸途　我心光明，亦復何言。

明世宗嘉靖七年（1528）二月，陽明以本職兼兩廣總督統

---

[22] 《中國學術史述論·明代代表學術形態》頁 263；《侯外盧宋明理學史·王學風靡》頁 164；《明朝中央集權補》。

帥大軍擊潰藤峽叛軍，班師回朝，諸將論功獎賞。又同年經艱難困苦平定廣西匪亂，曾曰：「破山中賊易，破心中賊難。此心光明，亦復何言。」臨終前最後遺言。此後陽明肺病加劇，上疏乞歸。時嘉靖七年十一月二十九日（1529.1.29）

殞於江西省南安舟中。[23]朝廷追諡文成，明神宗萬曆十二年（1584）從祀於孔廟。

〈王陽明答聶文蔚第二書〉：「賤軀但有咳嗽畏熱之病，近人炎方，輒復大作。主上聖明洞察，責付甚重，不敢遽辭。地方軍務冗沓，皆與疾以事。」[24]病末從公以終。

陽明有曰：「人生大病，只是傲字。」傲字同意為辭，即「驕傲。」驕，馬高六尺為驕，意為最高大的駿馬，無與倫比。若以道家哲學觀之，究其哲理，乃言物之盛極必衰。而傲字從人，若為人驕傲，則不可一世，目中無人。從古以來，聖人先賢只是心中無我而已，無我自能謙，謙者眾善之基，傲者眾惡之魁。陽明遺言：「此心光明，亦復何言！」

23　南安，今江西省大餘縣南安鎮。
24　《傳習錄校釋》中，頁122。

二、王陽明時代背景概述

王陽明的時代政經社會概述（明德宗成化八年 —— 迄明世宗嘉靖七年；1472-1528）

明朝中葉是明朝盛衰的轉捩點，依據史書的記載，歷經與王陽明生平相關在位皇帝有德宗、仁宗、宣宗、孝宗、武宗等五朝君主，重要施政財經社會等概況，作為王陽明的生活背景的補充說明。

明武宗的暴政，劉瑾的專權

朱厚照（武宗）即位之初，就大肆擴建皇莊，瘋狂掠奪人民的土地。每一個皇莊，就是一個反動中心。管莊管校，招集小人，稱「莊頭伴當」，主持佔土地，斂財

物，辱婦女，若有不從，則誣奏重罰，人民驚恐，哭訴無門，痛恨入骨。而武宗的宮廷生活，縱慾荒唐，奢侈浪費，不知民間疾苦。又築「豹房」，分布於大同太原等地，擄掠民婦，豪奪珍玩，置於「豹房」，日日作樂，夜夜笙歌。武宗為加強對人民的控制，實施特務的統治。武宗執政遂有「內行廠」的設立，以宦官劉瑾為首，指揮辦案，陷害忠良，如李東陽等被殺害，[1]人民陷入恐怖的生活之中。

---

[1] 李東陽，字賓之，號西涯。茶陵人。生於明孝宗/武宗（1447-1516）。東陽從小天資聰穎，才華洋溢。十八歲時，中式進士。為朝廷重臣，任官禮部尚書等要職。武宗朝因豹房之亂，以老乞退。享壽七十。著《懷麓堂集百卷》。。

明朝中葉商品經濟的發展與資本主義的萌芽

　　明朝管制輪班工匠雖有制度，但行無償的強制工作，導致工匠的反抗，繼而亡命；遂更改不願服役者可以折銀替代輪班。工匠的人身不自由，工作的壓力繁重。在永樂時期，改設住坐匠，但為皇族統治者服勞務，雖採用輪班制度，服役時間過長，勞務繁重。工匠一再抗爭，於是廢除工匠徭役制度，讓工匠投入市場，自由發展。農業的發展與改善，最基本的條件：「工欲善其事，必先利其器」，生產農具如犁、耙、鐮刀、樓車等，從農地的開墾、播種、插秧、收割、晒穀、碾米等程序，所用的工具要齊備，且不斷的改善，提高工作效率，省時省力。稻米品質優良豐收，足食而無匱乏。種稻最需要的是水源充足，踩水車是用人力，明代灌溉已經進步使用翻車，人力和獸力交互運用，進而全用獸力以節省人力，再運用經驗累積，精選優良的稻種，依時令配合。提供有利的發展條件，農業的種植增產，指日可待。

　　足食之後，再求足衣，紡紗織布是工業，更需要生產工具和技術，不斷提高，軋落棉仔的木棉攪車，改善之後，一人工作效率，生產量可抵原來四人的工作產能量。而紡紗的天車，出現手腳並用的天車繰絲的工具，也相對的改良。總之，明朝的農村手工業，由於生產工具的改善，工作技術的提升，產能的增加，農村社會的形態也有了改變，漸漸走上小資本主義的經濟活動。[2]

---

[2]　《明朝史略》，頁 101。

明代科舉考試 鉗制人民思想

　　朱元璋生逢變亂時代，家境貧困，曾為放牛的牧童，再出家當小沙彌，衣食不濟，輾轉投入郭子興軍隊。時來運轉，屢戰屢勝，終於成為北伐兵團的領袖，一舉打敗元人，建立明朝。登基後，在劉基、宋濂大力輔佐之下，重視教育。明代科舉考試與學校相結合，考生先要取得入學資格，即成為生員。入學有兩種途徑，一是通過童試的縣府院三級考試。另一途徑是先進入國子監，成為監生，有皇帝恩准的「恩監」，因長輩為國立功的「蔭監」，經由捐獻財物的「捐監」。科分為秀才科、明經科、進士科以及武舉。至於教育的行政的機構，朝廷設置國子監，管理全國地方設置，地方設置學政。

　　明代應制科舉之一種文體，稱「八股文」。一曰「制義」，又曰「實文」，亦曰「四書文。」因其考試命題以宋朝《朱熹四書集注》為本。其源出於唐支帖經墨義[3]，宋之經義，經義乃四書文之緣起。不能有個人的意見，只是政府施政。政治、文化統御的力量而已。人民的思想受到桎梏，學術思想受到阻礙。

　　自元仁宗延祐中，定科舉考試法，逾期王充耘[4]始造「八比一法」，名曰「書義衿式」。明初又重定體式，至明憲宗成化期間，經王鏊[5]、謝遷[6]、章懋[7]等人的提倡，更以命令規定文字數。

---

[3]　帖經：科舉考試摘取經書的段落，考生填空作答。墨義：科舉考試以問答方式，考生作答。

[4]　王充耘，字耕野，江西吉水人。元末進士，明朝惠宗建文二年（1400 年）榜眼，王艮之祖。著《讀書管見》。

[5]　王鏊（1450-1524），字濟之，號守溪，直隸吳縣（江蘇蘇州人）。明正德、嘉靖年間重臣，官至戶部尚書。

八股文中有破題、承體、起講、提比、中比、後比、大結，破題兩句，道破整體之義；承體是申明破體之義；起講又曰原起，一篇開講之處；提股是起講後入手之處；中比一曰中股，為全篇之中堅；後比暢發中比未盡之義；大結為一篇之總結。八股之制，於是大備，全篇字數，有一定約束，字數過多即不及格。

結語：朱元璋奇人奇事

朱元璋（生於 1328 年，崩於 1396 年），享壽 68，在位 31年，廟號洪武帝。父朱五四，母陳氏。朱元璋原名朱重八，其時家境貧寒，無以為生，曾任地主放牛。又到皇覺寺寄食，然生不逢時，天下變亂，烽火四起，寺廟亦不得食，無以為家，處處是家，倏忽年屆 25，（1352 年），時來運轉，投入郭子興部下，反抗元朝蒙古政權。先後擊敗陳友諒、張士誠等部隊，戰功輝煌，統一南方，深得郭子興的歡心，賜名元璋，字國瑞，遂將養女馬氏下嫁與朱元璋。馬氏賢淑善良，朱元璋因違背軍令而潰敗，郭子興盛怒之餘，囚禁朱元璋於地牢。時馬氏任廚工，當饅頭蒸熟之際，取之置於胸口，即刻奔走到地牢，送給朱元璋；馬氏胸口為之盪傷，朱元璋非常感動。日後稱帝，馬氏的忠諫，言聽計從。朱元璋因有徐達、胡大海、劉基、常遇春等人的相助，先平定南方，後北伐元朝大帝國，完成驅逐元人，恢復中國統一大業。

6 　謝遷（1449-1531），字於橋，號木齋，浙江餘姚泗門（今四門鎮）人。明憲宗成化十一年（1475 年）狀元。三朝元老，累觀戶部尚書。

7 　章懋（1437-1522），字德懋，浙江金華府蘭溪人。明憲宗成化二年（1466）會試，進士第一。

三、王陽明傳習錄的解構

王陽明傳習錄探源

　　子曰：「學而時習之，不亦說乎？」曾子曰：「傳不習乎？」《論語·學而》甲文曰：「習從羽從日，有日月不間斷，振羽以飛之意味。」小篆：「習從羽白聲，義作數飛解。」見《說文繫傳》：「乃鳥類屢次振羽學飛之意，故從羽。學習功課之餘，能夠時時熟悉它，不是很快樂嗎？」曾子說：「老師教授的課業怎麼能不熟悉它呢？」《傳習錄》一書是王陽明教授學生課業的記錄，有陽明的口述、有師生的提問回答，有學生學習的心得記錄。類似《論語》體例的模式，林林種種，探討宋明理學，而闡述陽明的心學知行合一的理念，俾使儒家孔孟思想再現，影響日本明治維新現代化，陽明功不可沒。明神宗萬曆十二年（1584），陪祀孔廟。稱『先儒王子」，為明代儒家第一哲人。也是偉大的教育家。

王陽明傳習錄的流變

　　日本學者三輪執齋（1669-1744）明末清初人。編著《標註傳習錄》，明武宗正德二年（1507）《洗心洞文庫》藏板線裝書。書本第一頁為三輪執齋序《新刻傳習錄》完成告王先生文，又

用紅色戳蓋「天泉堂」以及「倉瀨武印雙戳」，第二頁序末署名：「東平安書生三輪希賢」謹告。

　　三輪乃日本江戶中期著名儒家學者，名希賢，字善藏。最初師事三崎闇齋門下的佐藤直方學習程朱學，後來轉向陽明學，並與佐藤直方絕交。日本王朝一直到江戶初期，[1]才有人正式引進陽明學。中江藤樹[2]堪稱日本陽明學先驅。十七世紀中葉，因為藤樹一門非常活躍，王陽明的傳習錄，傳習哲言，王陽明先生文錄抄，相繼在日本出版，陽明學蔚為風氣。清聖祖康熙 50 年（1712 年）三輪執齋著《標註傳習錄》，盛行超過朱子學。三輪執齋著《標註傳習錄》書的長度 24 公分，寬度 17 公分，上欄空白處做註或補註。本文每行 16 個字，每頁 8 行，本文無斷句或標點符號，全文分上中下及附錄合四冊三本。到了佐藤一齋，[3]佐藤家族歷代為首席教授。先為朱子學，一齋更改為陽明學。一齋是日本江戶（幕府末期）學術泰斗，大平八郎（1793-1837）強烈抨擊明末清初，以陸隴其[4]為代表的陽明

---

[1]　江戶時代（1603-1867），又稱德川時代。指日本歷史中在江戶幕府，從慶長（1603.3.24）到德川家康被委任為征夷大將軍，在江戶（今東京）開設幕府時開始，到慶應（1867.11.15）大政奉還後結束，為期 264 年。清朝（1636-1912）。《維基百科》。

[2]　中江藤樹（1608-1648）日本德川幕府初期儒家學者。後世學者以為是日本陽明學的開山鼻祖。日本教育家，號稱「近江聖人」。

[3]　佐藤一齋，名坦，字大道，號一齋。日本德川後期著名儒者，學貴自得，於程朱陸王理學，主張兼取並蓄，而尤屬意陽明。《傳習錄欄外書》即為其閱讀傳習錄批註文字。

[4]　陸隴其字稼書，浙江平湖人。生於明崇禎三年卒於清康熙三十一年（1630-1692）康熙九年（1690）登進士第，十七年，任嘉定（江蘇）知縣，（今上海嘉定區）後被巡撫慕天顏疏核去職。民眾扶老攜幼，哭眷攀轅；士民泣留不得。因刻「公歸集」為誌。俞鴻湖詩讚曰：「有官貧

學排斥論，撰寫《洗心洞箚記》。以上敘述日本在江戶時代陽明學的盛行，及日本近代以陽明學為革新文明的進步主軸，顯現陽明學實用可行，促進日本的現代化影響，頗具穿透實力。日本軍神東鄉平八郎大勝俄國艦隊後，在慶功宴會說：『一生俯首拜陽明」。

　　王陽明的學生徐愛，係其妹婿。自明武宗正德七年（1512）陸續記錄陽明論學的談話集冊成書，書名《傳習錄》正德十三年（1518）另一學生薛侃[5]及陸澄[6]等一起出版而得名。

　　《傳習錄》明世宗嘉靖三年（1524）南大吉增收書信等依原來書名出版。

　　嘉靖三十五年（1556）錢德洪再增黃直所錄。明穆宗隆慶六年（1572）謝廷傑[7]出版《王文成公全書》遂以薛侃所編《傳習錄》為上冊，以南大吉所編《傳習錄》為中冊，以《傳習續錄》為下冊，又附陽明所編〈朱子晚年定論〉，

　　因此為《王文成公全書》本的《傳習錄》。

過無官日，去任榮於到任時。」以清正廉潔著稱。治學服膺朱熹，以朱子之是非為是非，宗朱子為正學，反對王陽明的致良知。譽為清朝理學如臣第一。著《困勉錄》、《三魚堂文集》。

[5]　薛侃字尚謙，號中離，世稱中離先生。廣東揭縣（潮州市潮安縣）生於明成化二十二年，卒於嘉靖二十四年（1486-1545）。

[6]　陸澄字原靜，正德元年（1505）進士。陽明學生。來書云：「下手功夫，覺此心無時寧靜，妄心固動也，照心亦動也」。

[7]　謝廷傑，明世宗隆慶六年（1572），浙江付梓《王文成公全書》。以薛侃《傳習錄》為上卷，錢德洪增刪、南大吉所編書信為中卷，以《傳習續錄》為下卷，入王守仁所編《朱子晚年定論》。今之所見本此也。復有陳榮捷《拾遺五十一條》。

王陽明《傳習錄》的內容梗概

　　《傳習錄》上卷，徐愛記錄，徐愛於明憲宗成化二十三年生，明武宗正德十三年歿。（1487-1518）年31。

　　《傳習錄》的內容分為上卷、中卷、下卷，各卷記錄成書，各有不同的弟子執筆，上卷是徐愛、陸澄、薛侃等分別記錄。

　　序曰：「愛朝夕炙門下，但見先生之道，即之若易而仰之愈高[8]《論語・子罕第九》，見之若粗而探之愈精，就之若近而造之愈益無窮。十餘年來，敬未能窺其藩籬，世之君子或與先生僅交一面，或猶未聞其聲咳，或先懷忽易憤激之心，而遽欲於立談之間，傳聞之說，臆斷懸度，如之何其可得？從遊之士聞先生之教，往往得一而遺二，見其牝牡驪黃而棄其所謂千里者。故愛備錄平日知所聞，私以示夫同志，相與考而正之，庶無負先生之教云。」

　　徐愛生於成化二十三年（1487）是陽明妹婿，也是陽明第一位學生。當陽明因忤權臣劉瑾而入獄出獄，貶龍場驛時，正德二年（1507），納贄北面即為弟子，至正德十三年（1518）歿。其時陽明四十七歲，受業於陽明十二年，以為陽明超凡入聖，從遊者日眾。然對陽明學術思想釋義不一，見解紛歧。徐愛為作記錄，以正視聽，而有《傳習錄》上卷之作，內容：《大學》首章正義，「心即理，天下無心外之事，無心外之理乎」，《傳習錄標註上卷　皆陸象山語》，知行合一，按年譜陽明三十八歲

---

[8]　《論語第九子罕》：顏淵喟然嘆曰：「仰之彌高，鑽之彌堅，瞻之在前，忽焉在後！夫子循循然善誘人：博我以文，約我以禮。欲罷不能，既竭吾才，如有所立卓爾，雖欲從之，末由也已。」

始論知行合一《傳習錄標註》卷上，知者行之始，行者知之成，「格物致知」。《傳習錄標註》卷上，文錄第五書諸卷曰，「致知者，致吾心之良知，也是既聞教矣，然天下事物之理無窮，果惟致吾良知而可盡乎？抑尚有所求於其外也乎？復告之曰心之體性也，性即理也，天下寧有心外之性有心外之理乎？外心以求理，是告子義外之說也。」學者學聖人去人欲存天理，儒釋道之辨等。

　　《傳習錄》中卷，錢德洪記錄，錢氏字洪甫，號緒山，浙江餘姚人。明孝宗九年生，明神宗萬曆二年歿。（1496-1574）。

　　錢德洪初承朱熹說，二十四歲讀《傳習錄》疑之。逮陽明平宸濠歸越後，錢氏乃信服陽明良知之說。率同邑七十餘人受業，嘉靖七年赴京應試。因途中聞王陽明逝世，返鄉守喪。嘉靖十一年（1532）登進士，累官至刑部員外郎。嘉靖二十二年辭官，致力講學，投注心力，編輯王陽明文集。著有《錢緒山遺文抄》、《傳習錄》中卷

　　序錄，德洪[9]曰：「昔南元善[10]刻傳習錄於越，下冊內容稍作調整，當時朱陸之辯已經分明，於是將〈答徐成之二書〉移出，將〈答聶文蔚之第一書〉[11]保存，此篇乃孔孟以來賢聖

---

[9]　錢德洪，生於弘治九年，卒於萬曆二年（1496-1574）初名寬，字洪甫。浙江餘姚人，曾在靈緒山讀易經，世人稱緒山先生。錢德洪是明代中後期的理學家、教育家、儒家的重要代表人物，天泉證道中的重要腳色，曾整理王陽明的著作與編寫年譜。嘉靖十一年（1532）進士，歷官刑部郎中，後因郭勳案下獄後，辭官歸鄉。享壽 79 歲。

[10]　南元善（1487-1541），號瑞泉，陝西渭南人。進士出身，陽明曾為座主，故南大吉自稱門生。為關中傳教陽明理學第一人，並錄〈訓蒙大意示教〉、〈讀訓劉伯頌等教約〉卷下，《傳習錄卷下》。

[11]　聶文蔚即聶豹（1487-1563）字文蔚，號雙江，江西永豐縣人。官至兵部尚書，加太子少保，王明陽學生，江右學派的重要代表。《蕭無陂校釋》，頁 117。

苦心，昭然若揭。而必有事焉，即致良知功夫，又以〈答文蔚之第二書〉最為簡要詳盡，固增錄之，可見其有功於同志厥偉，今增錄之以為不朽。」

至於「知行之本體」，莫詳於「答人論學」與答周道通、陸清伯、歐陽崇一四書，而謂格物為學者用力日可見之地，莫詳於〈答羅整庵一書〉[12]。平生冒天下之非詆，雖陷萬死一生，遑遑然不忘講學，惟恐無人不聞斯道，流於功利機智，以日墮於夷狄禽獸而不覺；……至於斃而後已。此孔孟以來聖賢苦心，雖門人子弟未足以為其情也，莫詳於〈聶文蔚之第一書〉，……而致良知功夫，又莫詳於〈答聶文蔚之第二書〉，故增錄之。

《傳習錄下卷》陳九川錄[13]。按一本題下有續錄二字，據德洪跋文，今從之。內容：大學格物釋義辯證，治學主靜，陸子之學如何？陽明以為聖人在誠，儒釋道的區隔，良知與道心，孟子與告子的不動心及性善的差異。陽明之學凡三變，人生之大病在傲字，德洪謂先生誨人不辭衰朽仁人憫物之心。而以「朱子晚年定論」為終。

嘉靖戊子冬（1529），德洪與王汝中[14]奔師喪，至廣信（江

---

[12] 羅整庵即羅欽順（1465-1547）字允升，號整庵，江西泰和人。弘治進士，官至南京吏部尚書，明代程朱理學的重要代表人物，著有《困知記》。《蕭無陂校釋》，頁112。

[13] 《傳習錄》下卷，陳九川（1495-1562）記錄，陳氏字惟濬，號明水，江西臨川人。正德九年（1514）進士，任太常博士，因諫武宗南巡，被杖去職。世宗時復職任禮部郎中，主張杜絕浪費，被訟下獄。出獄後致仕，周遊講學，正德十五年（1520）入虔，拜陽明門下。著《明水先生集》參見《明儒學案卷十九》。

[14] 王汝中生平不詳。

西上饒），訃告同門，約三年收錄遺言。繼後同門各以所記見遺。德洪擇其切於問正者，合所私錄，得若干條。居吳時，將與《文錄》併刻矣。適以憂去未遂。去年，同門曾子才漢得洪手抄，復傍為采輯，乃為刪其重複，名曰《遺言》，以刻行於荊。德洪讀之，覺當時采錄未精，乃未刪去重複，削去蕪蔓，存其三分之一，名曰《傳習續錄》，復刻於寧國之水西精舍。今年夏，德洪來遊蘄（湖北蘄春），沈君思畏[15]曰：師門之教久行於四方，而獨未及於蘄。蘄之士得讀遺言，若親炙夫子之教；指見良知，若重睹日月之光。（沈君校釋）嘉靖丙辰夏四月，門人錢德洪拜書於蘄之崇正書院。

王陽明與傳習錄

　　《傳習錄》是王陽明繼承陸九淵對朱子的批判，就《傳習錄》的內容而言，它是王陽明的主要心學思想。上卷乃王氏自我審閱，中卷出自王氏親筆晚年的著述，下卷說明王氏晚年心學思想。尤其是有關教育的四句教：「無善無惡心之體，有善有惡意之動，知善知惡是良知，為善去惡是格物。」「心即理」是王陽明的發揮義蘊，至善是心的本體。有人認為王陽明的心學，像是寒冬的暖爐，炎夏的涼風，帶來人民的福音，對普羅大眾認識自己，肯定自己。尤其對政治、經濟、教育的貢獻，功不可沒。

15　沈思畏，即沈寵，字思畏，號古林，安徽宣城人。官至湖廣兵備簽事。曾問學於歐陽德與王畿，是陽明的再傳弟子。

結語：補述版本學

　　漢朝《劉向別錄》曾提出「讎校」一詞，一人讀書，校其上下，得謬誤，為校。一人持本，一人讀書，若冤家相對，故經曰讎校也。迄宋，印刷術興起，刻本大行，名義遂定。唐五代後，鏤版盛行，一書刻就，相率模印，與殺青上素之意，頗相符合，故稱之為版本。版本一詞，見於葉夢得《石林燕語卷八》。唐代以前，凡書籍皆寫本，沒有模印之法，人人以藏書為貴，人不多有。而藏書者精於校對，故每每持有善本，學者以傳錄之難，故其誦讀亦精詳。五代馮道始奏請官鏤版印行。北宋淳化年間，刻本流行，各種版本盛行。近代非雕版的影印本、拓印本、鉛印本、曬印本、鈐印本、油印本等相繼流行。

四、王陽明的心學動與靜

陽明曰：「心，靜未嘗不動，動未嘗不靜」。[1]

九川問：「近年因厭氾濫之學，每要靜坐，求屏（摒）息念慮，非惟不能，愈覺擾擾，如何？」

陽明曰：「念如何可息？」九川曰：「只是要正。曰當自有無念時否？」陽明曰：「實無無念時」，曰：「如此卻如何言靜？」曰：「靜未嘗不動，動未嘗不靜。戒慎恐懼即是念，何分動靜？動即作事（治學），靜即靜坐（心志專一）與佛家靜坐無關。」按：九川的提問，乃就學習過程的氾濫雜亂，心意的動蕩不安，造成學習的困擾，欲求致良知而不得，乃自我省察，求教於陽明。吾以為治學的根源在於起心動念，所以是治心為.本」。孟子提出奕秋學箭為例，莊子主張「用志不紛，乃凝於神」。治學但求心志專一，才能精進，苟日新，日日新，又日新。是為學的必要的手段。

所以無欲故靜，是靜亦定，動亦定，定字主其本體也。動中有靜，靜中有定，而動靜的主導是心，心是常置其中，須臾不得分離。戒慎恐懼的念頭，心念是活活潑潑的動態，此是天機不得休息，斯為天命；若息，便是傷亡。因此，非本體之念，即是自私的念頭。所以心的動靜不息，只是存天理而已。若此，凡人若能真實切己用功不已，則此心精微的天理，日見一日，

---

[1]　《傳習錄校釋》下，頁133。

而私欲的細微，亦如是，只有克己的功夫為之。克己私欲，待私欲餘未萌之際克盡，天理自現，則聖人之功不遠矣。

心之本體固無分於動靜

　　陽明欲達到知行合一的終極目標，靜坐也是一種方法之一。其提出的時間是在龍場悟道之後，經過常德辰州與門人冀元亨等提出，目的在教導初學者排除事物的紛擾，保持清靜的心境，以成己志。藉靜坐以為省察克治，除去心中之蟊賊，病根既除，方是真實用功。

　　「內心未發之中，即良知也，無前後內外而渾然一體者也。有事無事，可以言動靜，而良知無分有事無事也。寂然、感通可以言動靜，而良知無分於寂然感通也。動靜者所遇之時。理無動者也，動即為欲。循理則雖酬酢萬變，而未動也。從欲則雖槁心一念，而未嘗靜也。動中有靜，靜中有動，又何疑乎？有事而感通，固可以言動，然而寂然者未嘗有增也。無事而寂然，固可以言靜，然而感通未嘗有減也。動而無動，靜而無靜，又何疑乎？……所謂動靜無端，陰陽無始，在知道者默而識之，非可以言語窮也。若只牽文泥句，比擬仿像則所謂心從法華轉，非是轉法華矣。」[2] 王陽明回答孟源[3]「靜坐中

2　《傳習錄校釋》中，頁 97-98。
3　《傳習錄校釋・王陽明回答孟源》，孟源，王陽明學生。其人有好色、好利、好名之心，越努力，越學習，越退步。根據王陽明年譜卷二：學生問道，靜坐中思慮紛雜，不能強禁絕。陽明回答：紛雜思慮，亦強禁不得，只就思慮萌動處，省察克治，到天理精明後，有個物各付物的。善念一起，就去施行；惡念一發，就趕快克去。

思慮紛然」，最好的妙方是「知止而後有定。」[4] 大學的定、靜、安、慮、得，秩序井然，為之心而安，為之心而靜，並非一定從法華運轉使然。定者心的本體，自然的道理，正是動靜所遇的時候了。孟子認為天下的人，口對於滋味，有相同的嗜好；耳朵對於聲音，有同樣的音感；眼睛對於美色，有同樣的美感。至於心，難道就沒有相同的地方嗎？人心相同的是什麼？就是具有理，具有義。聖人是先得到我們眾心同具的理義。所以理義使我們心裏喜悅，就如同牛羊犬豬的肉滿足我們的口欲一樣的。我們喜歡理義，發自內心，是必然的。理無動，動者有欲，雖是枯槁之心，不能免也。[5]

　　黃以方[6] 問儒者到三更時分，掃蕩胸中思慮，空空靜靜與釋氏之靜，只一般兩下皆不用，此時何所分別？先生曰：「動靜只是一個，那三更時分空空靜靜的只是存天理，即是如今應事接物的心，如今應事接物的心，亦是循此天理，便是那三更時分，空空靜靜的心。故動靜只是一個分別，不得知得動靜合一。釋氏毫釐差處，亦自莫揜（掩）。」見於《朱子晚年之定論》[7]。

---

[4]　黃以方《傳習錄校釋》附錄，頁 207。

[5]　《孟子·告子上》。

[6]　黃以方，陽明學生。以方問曰 先生之說格物，凡《中庸》之「慎獨」及「集義」「博物」等說，皆為格物之事。先生曰：非也，格物即慎獨，即戒懼。至於集博功夫只一般，不是以那數件都做「格物」底事。《傳習錄校釋下 頁 180》於此對話，陽明對黃以方的寄以厚望。

[7]　《朱子晚年之定論》王陽明任職留都（南京）期間數年，門徒日眾，講學益盛。遂取朱子書細讀，乃知朱子晚年改正其說。陽明十分高興自己的學說，與朱子之學相同，於是從朱子文集的書信中摘抄一部分內容，同時將元代理學家吳澄的一些言論附在後面，門人刻錄成書，王陽明為之作序，是為《朱子晚年定論》。

程頤動靜之主宰在於心

《程頤明道 定性書》略云：「所謂定者，動亦定，靜亦定，無將迎，無內外。」[8]

「朱熹靜坐之說，則得之洛學，而兼受之延平。唯靜非冥然無知之谓。故曰：所谓靜坐，只是打疊心下無事，則道理始出。今人都是討論靜坐以省事，則不可。又曰：惟動時能順理，則無事時能靜。靜時能存，則動時得力。須是動時也做功夫，靜時也做功夫。蓋以動靜之主宰在乎心，心之主宰在乎敬。唯能敬則靜不至於沉冥，動不至於流蕩。易云「寂然不動，感而遂通天下之故，即是寂體感用，動靜工夫，兩俱做到。」且程子有言，未有致知而不在敬者。格物窮理，亦須由敬入手。「是故致知持敬，雖分兩事，其實只是一功。即濂溪之言無欲，亦何嘗不是敬。故晦庵遂以敬字貫合一切，成為其思想之中心。」[9]

程明道〈定性書〉只說動靜皆定，無將迎，無-內外。苟以外物為外，牽己而從之，是以己性為有內外也，且以己性為隨物於外，則當其在外時，何者為在內？是有意於決外誘，而不知性之無內外也。既以內外為二本，則又烏可遽語定哉？「夫天地之常，以其心普萬物而無心，聖人之常，以其情順為萬物而無情，故君子學，莫若廓然而大公，物來而順應。」[10]

朱子：「蓋人之一身，知覺運動，都是心的作為。所以心

---

[8] 《重編宋元學案》一，導言，頁 4。

[9] 《重編宋元學案》一，導言，頁 11。

[10] 《重編宋元學案》卷 10，明道學案。

是我們身體的主宰，也是身體動靜語默之間的主導。事物未至，思慮未萌，而一性渾然，道能全具。我們認為心就是身體的主導，而且心是寂靜不動的。事物交至，思慮就產生了，那麼七情迭用，各有主宰。所謂和是心之使用，感動而相通了。「然性之靜也，而不能不動，情之動也，而必有節焉。是則心之所以寂然感通，周流貫徹而體用未始相離者也。」[11]

因為心的主導靜中有動，所以寂靜而未嘗不感動。「因此觀察動中有靜，那麼感覺未嘗不靜。寂而常感，感而常寂，此心所以周流貫徹，而無一息之不仁也。」[12]朱子認為性主靜，情主動，心靜有感而通，心靜而未曾無感，是以周流不息。心是一切動靜的主宰。陽明答陸原靜：妄心則動、照心〈良知〉非動。照心[13]固然明覺，妄心亦然明覺。天地對萬物沒有二心，所以萬物能夠不息的生養。天地對於萬物，若有片刻的停息，萬物的生命就終止。終止就不是《中庸》的「至誠無息」了。原靜嘗好仙釋，得陽明的正解，豁然開朗。[14]

陳九川問靜坐用功，陽明回答人心沒有內外的區隔，就像惟浚現在和我談論，又哪有另外一心在內管理，這談論時用專一的心，即是那靜坐時的心，功夫一貫，何須更起念頭。「需

---

[11]　《重編宋元學案朱子》卷44，頁503-504。

[12]　同註11，王陽明認為「照心」即本心。而本心也就是良知的本體。或曰恆動恆經，擴充流行於天地之間，因而生生不息。

[13]　陸原靜，即陸澄，字原靜，又字清伯，陽明弟子。明武宗朝中進士，好佛釋之學。

[14]　李侗，字願中，南宋人，世稱延平先生。為程頤二傳弟子，曾拜楊時、羅從彥為師，學成後歸居山田，謝絕世故四十年。於理學提出「理與心一」，主張「默坐澄心、體認天理」的認知方法。朱熹在武夷山下從其學，得「洛學」真傳，奠定其學術基礎。

在事上磨練功夫得力。若只好靜，遇事便亂，那靜時功夫一差，似收斂而實放溺也。」[15]

薛侃問：「先儒以心之靜為體，心之動為用，何如？」[16] 陽明認為不可以動靜為體用，動靜，是用心的時候，就體而言用在體，就用而言體在用，是謂體用而言，同是心的源頭。如果說靜時可以見「心體」，動時可以見「心用」，才是正確的說法。

良知是心之本體，功能如何？

陽明答陸原靜二書：

「良知心之本體，即《孟子》所謂性善也」。[17] 陽明答陸原靜來書云：「良知，心之本體，即所謂性善也，未發之中也，[18] 寂然不動之體也，[19] 廓然大公也。[20] 何常人皆不能，而必待於學邪？」[21]

「聖人致知之功，至誠無息。其良知之體，皎如明鏡，略無纖翳。妍媸之來，隨物見形，而明鏡曾無留染，所謂情順萬

15　《重編宋元學案》一，頁 11。
16　《重編宋元學案》朱子卷 44，頁 503-504。
17　《孟子》書中記載：「孟子道性善，言必稱堯舜。」〈滕文公上〉又「水信無分於東西，無分於上下乎？人性之善也，猶水之就下也；人無有不善，水無有不下。」〈告子上〉
18　《中庸》第一章：喜怒哀樂之未發謂之中；發而皆中節，謂之和。中也者，天下之大本也；和也者，天下之達道也。致中和，天地位焉，萬物育焉。
19　《周易》下經，咸卦第 31，象曰：天地感而萬物化生，聖人感人心而天下和平。觀其所感，而天地萬物之情可見矣。
20　程顥曰：「君子之學，莫若廓然而大公。」《定性書》「廓然而大公」喻心胸開闊無涯。
21　《傳習錄校釋》中，頁 95-96。

事而無情也。無所住而生其心。佛氏曾有是言，未為非也。明鏡之應物，妍者妍，媸者媸，一照而皆真，即是生其心處。妍者妍，媸者媸，一過而不留，即是無所住處。皆起於自私自利，將迎意必之為祟。此根一去，則前後無疑，自將冰消物釋，有不待於問辨者矣。」[22]按「意必」詞出《論語子罕》子絕四：毋意、毋必、毋固、毋我。「意」，猜妒臆測；「必」，絕對肯定；「固」，固執拘泥；我，自以為是。這四種毛病根絕離去，誠實面對自己，則心如明鏡，纖塵不染，良知自現。釋惟覺：「從小到老，人一直都在起心動念當中，妄想不斷。起心動念就是生滅，人之所以有生有死，正因為這念心有生有滅。這個心如果達到沒有生滅，就能定下來如同一潭止水、一面明鏡，不動不搖、不去不來、不生不滅、不垢不淨、不增不減，這就如同聖人如來佛一樣的境界了。如來就是這念心達到如如不動、了了常知的心境，也就是契悟中到實相的境界。終到實相，不是在這個心之外，另外有一個清淨的心、不動的心，而是諸位聽法這念心，保持這念心的清境即是。」[23]

22　《傳習錄校釋》中，頁 106。
23　釋惟覺著《禪心世界》，頁 55-56。

五、王陽明的心學與鏡明

心如明鏡，良心自現

陽明答陸原靜二書：

「良知心之本體，即《孟子》所謂性善也[1]，《中庸》未發之中也[2]，《周易》寂然不動之體也[3]，程頤，廓然大公也易，何常人皆不能而必待於學邪？」[4]

「聖人致知之功，至誠無息。其良知之體，皎如明鏡，略無纖翳。妍媸之來，隨物見形，而明鏡曾無留染，所謂情順萬事而無情也。無所住而生其心。佛氏曾有是言，未為非也。明鏡之應物，妍者妍，媸者媸，一 照而皆真，即是生其心處。妍者妍，媸者媸，一過而不留，即是無所住處。、，皆起於自私自利，將迎意必之為崇。此根一去，則前後無疑，自將冰消物釋，有不待於問辨者矣。」[5] 案「意必」詞出《論語·子罕》

1　《孟子》書中記載：「孟子道性善，言必稱堯舜。」〈滕文公上〉又「水信無分於東西，無分於上下乎？人性之善也，猶水之就下也；人無有不善，水無有不下。」〈告子上〉
2　《中庸》第一章：喜怒哀樂之未發謂之中；發而皆中節，謂之和。中也者，天下之大本也；和也者，天下之達道也。致中和，天地位焉，萬物育焉。
3　《周易》下經，咸卦第 31，象曰：天地感而萬物化生，聖人感人心而天下和平。觀其所感，而天地萬物之情可見矣。
4　《傳習錄校釋中》，頁 95。
5　《傳習錄校釋中》，頁 106。

子絕四：毋意、毋必、毋故、毋我。「意」，猜妒臆測；「必」，絕對肯定；「故」，固執拘泥；我，自以為是。這四種毛病根絕離去，誠實面對自己，則心如明鏡，纖塵不染，良知自現。釋惟覺：從小到老，人一直都在起心動念當中，妄想不斷。起心動念就是生滅，人之所以有生有死，正因為這念心有生有滅。這個心如果達到沒有生滅，就能定下來如同一潭止水、一面明鏡，不動不搖、不去不來、不生不滅、不垢不淨、不增不減，這就如同聖人如來佛一樣的境界了。如來就是這念心達到如如不動、了了常知的心境，也就是契悟中到實相的境界。終到實相，不是在這個心之外，另外有一個清淨的心、不動的心，而是諸位聽法這念心，保持這念心的清境即是。[6]

心通於道能辨是非

王陽明答周道通[7]書：「若不就自己良知上真切體認，如以無星之稱而權輕重，未開之鏡而照妍媸，真所謂以小人之腹而度君子之心矣。聖人氣象何由認得？自己良知原與聖人一般，若體認得自己良知明白，即聖人氣象不在聖人而在我矣」[8]。而程子云：「心通於道[9]，然後能辨是非。」[10]王陽明的理學，以

6　釋惟覺著《禪心世界》頁 55-56。
7　周冲，字道通，號靜庵，江蘇宜興人。先師從王陽明，後師從湛若水，其學術思想調和王、湛兩家學說。《傳習錄校釋》中，頁 87。
8　《傳習錄校釋》中，頁 90。陽明認為心通於道，亦是良知本心。
9　道即是良知，良知原是完完全全，是的還他是，非的還他非。是非只依著他，更無有不是處。這良知還是你的明師。《傳習錄校釋》下，頁 156。
10　《河南程氏文集》卷九，〈答朱長文書〉，見於李生龍《新譯傳習錄》，頁 261

良知為核心，核心即人性的良知，良知是主導人人的一切作
為；而良知又是繼承孟子的人性本善，所以人雖然有聖賢才愚
的天資不同，只要心如明鏡，保有明亮清澈的善心，即不為私
欲所蒙蔽，不作離經叛道的惡行，則良知與生俱有，聖賢才愚
與聖人一般，人人皆可以為堯舜了。陽明曰：「聖人之知，如
青天之日，賢人如浮雲天日，愚人如陰霾天日。雖有昏明不同，
其能辨黑白則一。」[11]

　　陽明說：「良知良能，愚夫愚婦與聖人同；但惟聖人能致
其良知，而愚夫愚婦不能致，此聖愚之所由分也。」[12] 陽明強
調良知人人所同，是從本體上講的。「他所謂良知，不僅是人
內在的凝聚，而且是決定人本質存在的自性本體。具有主觀的
圓融性，既是道德意識根源和主觀的是非善惡標準，同時又是
主觀價值的承擔者和道德行為的支配者，因而自滿自足而又能
夠主宰天下者。以為良知即道，即天，即天植靈根，心知本體，
是不假外求的。」[13]

聖人之心如明鏡

　　陽明曰：「聖人之心如明鏡，只是一個明，則隨感而應，
無物不照；未有以往之形尚在，未照之形先具者。……聖人遇
此時，方有此事。只怕鏡不明，不怕物來不能照。……然學者
卻棄先有個明的功夫。學者惟患此心之未能明，不患事變之不

---

[11]　《傳習錄校釋》下，頁 164。
[12]　《傳習錄校釋》中，頁 78。
[13]　《陽明學與當代新儒學》，頁 192。

能盡。」[14]徐愛（字曰仁）云：「心猶鏡也。聖人心如明鏡，常人心如昏鏡。近世格物之說，如以鏡照物，照不上用功，不知鏡尚昏在，何能照？」[15]徐愛以鏡比喻人的良知，聖人與常人都有良知，良知與生俱存，但聖人良知如明鏡，物來則明照；常人則否，常人良知依然存在，指示不明罷了。

蕭無陂云：「聖人心如明鏡，無物不照，乃喻聖人良知本自澄明，天理昭然，故應事接物是依本體之自然擴充流行。」[16]陸原靜：「養生以清心寡欲為要。夫清心寡欲，做聖之功畢矣。然欲寡欲則心自清，清心非捨棄人事而獨居求靜之謂也。蓋欲使此純乎天理，而無一毫人欲之思耳。」[17]此乃得自孟子曰：「養心，莫善於寡欲，其為人也寡欲，雖有不存焉者，寡矣；其為人也多欲，雖存焉者，寡矣。其實養心不是到達止於寡欲就好了，更要求從寡欲到無欲，無欲就能誠立明通，誠立，是賢人了；明通，是聖人了。是聖賢非本性天生如此，一定要養心才能到達，養心到達至善，自然擴大到如此，保存在他們的身上而已。」[18]陽明提倡寡欲以為養心之鑰，在於寡欲則無私，無私而誠立，誠立而身修，身修而達於至善，至善而聖人之功致矣。陽明認為聖人人人可臻，只要誠立身修，所以聖人滿街皆是，極力主張平民化，通俗化。韓貞詩云：「固知野老能成聖，誰道江魚不化龍？自是不修修便得，愚夫堯舜本來

14　《傳習錄校釋》上，頁18。
15　《傳習錄校釋》上，頁34。
16　《傳習錄校釋》上，導讀，頁18。
17　《傳習錄校釋》中，頁100。
18　《孟子‧盡心下》。

同。」《韓樂吾詩集・勉朱平夫》。[19] 聖人之道，吾性自足，不假外求。中國對聖人的崇拜與尊敬，並無嚴苛的條件及限制，只要有特殊的事蹟及貢獻，為世人頂禮默拜，並不論及家世及地位，所以人人都有可能成為聖人。如先秦的堯舜、大禹視為聖王，而孔子則為聖人。所以孟子認為「人皆可以為堯舜」《孟子・告子下》；荀子曰：「涂之人皆可以為禹。」《荀子・性惡》宋朝周敦頤說：「聖可學而至。」王陽明的「聖人之道，吾性自足，不假外求。」遂有「滿街都是聖人。」聖人的內化推向極端，推向普及化，平民化，人人皆可學為聖人，有為者亦若是。

良知常覺常照，則如明鏡之懸

陽明曰：「天命之謂性，命即是性，率性之謂道，性即是道，修道之謂教，道即是教。」問：何以如此？曰：「道即是良知。良知原是完完全全，是的還他是，非的還他非，是非只依著他，更無有不是處，這良知還是你的明師。」[20]

陽明答顧東橋書云：「知之真切篤行處，即是行；行之明覺精察處，即是知；知行功夫本不可離。……真知即所以為行，不行不足謂之知，即如本書所云：如食乃食。……求理於吾心，此聖門知行合一之教。吾子又何疑乎？」[21] 知是行的起點，行

---

[19]　《韓樂吾詩集》，頁 200。韓樂吾，明朝陶工，一生貧窮卻樂於助人，有人稱東海聖人。

[20]　黃省曾《傳習錄校釋》下，頁 156。

[21]　《傳習錄校釋》中，頁 68。

是知的實踐。知與行並不相違背，而是相互並行。陽明答陸原靜認為，良知即是道，良知在於人心，聖賢與常人都是一樣的。如果不受物慾的罣礙遮蔽，就能順著良知流行發用，沒有不合乎道。所以陽明主張良知還是我們的明師。至於朱子認為主張心、理為二，其弊是後世學者「專求本心，遂遺物理」之患也。朱子理與心不一的缺失。

陽明答歐陽崇一：「不自我欺騙，則良知無所偽而誠，誠則明矣；自信則良知無所惑而明，明則誠矣。明誠相生，是故良知常覺常照，常覺常照，則如明鏡之懸，而物之來者自不能遁其妍媸矣。……何者？不欺而誠，則無所容其欺，苟有欺焉，而覺矣；自信而明，則無所容其不信，苟不信焉，而覺矣。是謂易以知險，簡以知阻，子思所謂至誠如神，可以前知者也。若就至誠而言，則至誠之妙用即謂之神，不必言如神，至誠就無所不知，不必說明就可以知道了。」[22]

按：陽明主張知行合一，是以良知為起點，具備良知，就能依道而行，而意誠知致，知致而明誠，是以良知如明鏡之懸，無物不照，無照不明，妍媸立辨，無所遁形，只有至誠則能無知而無不知，且不必言可以前知矣。

鏡明一塵之落，自難住腳

郡守南大吉以座主稱門生。居數日，復自數過加密，且曰：與其過後悔改，曷若和預言不犯為佳也？陽明：「人言不如自

---

[22] 《傳習錄校釋》中，頁111。

悔之真。」大吉笑謝而去。過而能改，善莫大焉；過而不改，
斯為過矣。居數日，復自數過愈密，且曰：「身過可勉，心過
奈何？」陽明曰：「昔鏡未開，可得藏垢，今鏡明矣，一塵之
落，自難住腳。此正入聖之機也，勉之。」[23] 禪宗五祖神秀（弘
忍）偈曰：「身是菩提樹，心如明鏡台，時時勤拂拭，勿使惹
塵埃。」此詩的特色：在於空、有對照；見性者、未見性者對
照。

　　禪宗指相是修證，心如明鏡，光風霽月，聖人之德備矣。
而六祖慧能境界更勝一籌，偈曰：「菩提本無樹，明鏡亦非台。
本來無一物，何處惹塵埃。」此詩講有、相彼此對照。禪宗稱
「南能北秀」神秀指相，只漸修，教理論「戒定慧」。諸惡莫
做明為戒」，諸善奉行名為「慧」，自得其意名為「定」。

　　孔子在陳國蒙塵，遂思念魯國的狂士，狂者進取的人。這
些社會特出的人才，接受孔子的教化，才能夠超脫世俗富貴名
利的拘絆，漸入於道，而止於狂了。六祖指題，指頓悟。心地
無非自性戒，心地無痴自性慧，心地無亂自性定。口耳相傳，
不立文字。

---

[23]　《傳習錄校釋》附錄一，頁 208-209。

六、王陽明的心學傳承，良知是心的本體

孔、孟性善的傳承

中國人對於人性（Human Nature）的見解諸多紛歧，各有不同。人性的釋義最直白的解說，就是人與生俱有的自然本性，不受後天環境或教育學習薰染的影響。本文僅就孔孟人性本善的傳承，以及告子人性無善無惡、性可以為善為惡，闡述說明之。

孔子曰：性相近習相遠

先秦時代有關人性的表述，依序為孔子。子曰：「性相近，習相遠也。」[1] 又說：「唯上智與下愚不移。」[2] 可見孔子主張人性原本是相近的，有偏向性善的主張。經過後天的教育，於是透過學習的勤惰，教育環境的差異，行為表現絕然不一。但上智與下愚者教育不易改變。是智力的因素。故子貢曰：「夫子之言性與天道，不可得而聞也。」[3] 子貢是孔子學生中聰明而富有的人，孔子對於人性的善惡以及自然的現象，因先人鮮少論述，把握不住，而有知之為知之，不知為不知的慎言態度。

---

[1] 《論語·陽貨》。
[2] 同註 1。
[3] 《論語·公冶長》。

孟子、告子論人性的不同

　　孟子說：「予豈好辯哉？予不得已也。」⁴對告子人性的駁辯，撥亂反正，煞費苦心。孟子於此說明人性本善，是人性所固有，遂使人性本善的理論，確立不移。奠定一尊，成為中國人性論述的指標。告子曰：「性無善無不善也，或曰性可以為善可以為不善，是故文武興則民好善，幽厲興則民好暴。或曰有性善有性不善，是故以堯為君而有象，以瞽瞍為父而有舜，以紂為兄之子且以為君，而有微子啟、王子比干，今曰性善，然則彼皆非與？」⁵又說：「富歲子弟多賴，凶歲子弟多暴。非天之降才爾殊也，祇所以陷溺其心者然也。」⁶孟子以為才者，性也；心者，亦是性也。遭遇富歲，則子弟大多貪圖享受而不勤勉，遇到凶歲則子弟大多凶暴鬥狠，這是後天環境的改變，因而改變個人行為超大。但人性本善並不隨著環境的改變而改變，因為人性本善啊！告子以為人性就像瀠回的流水一樣，向東流或向西流。人性沒有善惡的固定區別，就像水性流向東或流向西一樣。告子以水比喻人性，教之以善則善，教之以惡則惡。人性的無善無惡，類似水的或東流或西流。孟子曰：「人性之善也，猶水之就下也；人無有不善，水無有不下。」⁷孟子以告子的以水喻性，遂以其矛攻其盾。認為人性的本善，如同水向下流去，是人類與生俱有的自然善性。人性若為惡，像水被激盪高過額頭，以為人性是惡的表現，非也，是人為而非

---

⁴　《孟子·滕文公下》。
⁵　《孟子·告子上》。
⁶　同註5，《孟子·告子上》。
⁷　同註5，《孟子·告子上》。

自然的本性。

孟子以為天生萬物表象，顏色雖是相同；但是內在的善性則有差異。唯內在的人性，都是相同的。此乃仁內義外的比喻。孟子與告子對於人性的辯論，有學者以為孟子缺乏邏輯性反而不如告子？孟子違反邏輯的基本原則，因為不同的物品，不可能有相同的性，不能作為類比也。

告子以外表作為人性的判斷，其說法有相互混淆不清。至於義理，是從體外來的，不是從內心發出來的。仁內義外是孟子的一貫人性主張。

《荀子·性惡篇》：「人之性惡，其善者偽也。」偽者，後天人為之事，後天教育使人趨於善，故荀子倡禮而化性起偽，於先秦諸子中最重視教育的君子人。王陽明認為性是無定體，其論亦然。何以如此？

人性的本體，原本是無善無惡的，於運用上可以是善的，也可以是不善的，它的流弊是本來一定是善或一定是惡。孟子從源頭說人性是性善，要人從源頭徹底的用功；荀子從流弊上說人性，認為性惡，要人從末流救正，更為艱難。

孟子、告子論人性的不同？

告子曰：「生之謂性。」孟子曰：「生之謂性也，猶白之謂白與？」曰：「然。」白羽之白也，猶白雪之白；猶白玉之白與？」曰：「然。」「然則犬之性猶牛之性；牛之性猶人之性與？」[8] 孟子以為天生萬物表象，顏色雖是相同；但是內在的善性則

8　《孟子·告子上》。

有差異。唯內在的人性，都是相同的。此乃仁內義外的比喻。孟子與告子對於人性的辯論，有學者以為孟子缺乏邏輯性反而不如告子？孟子違反邏輯的基本原則，因為不同的物品，不可能有相同的性，不能作為類比也。

告子曰：「食色，性也。仁，內也，非外也；義，外也，非內也。」[9] 告子從人的基本性情論說，凡人的慾望都喜歡美的東西，男人都喜愛美麗的正妹，而女人則喜歡帥哥，而仁愛的心也是從內心發出來的，不是來自體外的。告子又說：「彼長而我長之，非有長於我也；猶彼白而我白之；從其自於外也；故謂之外也。」[10] 告子以外表作為人性的判斷，其說法有相互混淆不清。至於義理，是從體外來的，不

是從內心發出來的。仁內義外是孟子的一貫人性主張。

《荀子‧性惡篇》：「人之性惡，其善者偽也。」偽者，後天人為之事，後天教育使人趨於善，故荀子倡禮而化性起偽，於先秦諸子中最重視教育的君子人。王陽明認為性是無定體，其論亦然。何以如此？

性的本體，原本是無善無惡的，於運用上可以是善的，也可以是不善的，它的流弊是本來一定是善或一定是惡。孟子從源頭說人性是性善，要人從源頭徹底的用功；荀子從流弊上說人性，認為性惡，要人從末流救正，更為艱難。？

9　同註8，《孟子‧告子上》。
10　同註8。

當今法官判案或性善或性惡？

　　今日法官對於違法犯亂紀的人，在自由心證的酌理衡情之下，常有重罪輕判的情況，常用「尚可教化」四個字作為量刑的依據，似乎有人性本善的考量，而被受害人的家屬並不以為然。還有「在校成績優良」而減免其刑罪。脫罪的理由千百種，令人不知所云。恐龍法官何時不恐龍？法官的判刑何時回歸人性？做到維護社會公理正義的最後一道防線，包青天何時再現？尤其詐騙集團在國內外從事非法詐騙取財的手段，鬼計多端，層出不窮，令人痛恨。其基地設置，若與我國有邦交者，則遣送回台灣，法官多輕判；若無邦交，則遣送大陸，多重判。國人多認為重判為是，因為詐騙集團的詐騙手段，神出鬼沒，無所不用其極，受害者恨之入骨，令人忍無可忍，而有治亂世宜施重刑，如鞭刑的刑罰，或可遏息囂張違法亂紀的行徑，還給社會公平公正的生活模式，又如酒駕肇禍，傷及無辜，致人於死，造成家庭破碎，天人永隔。治亂世，宜用重典，以嚇止為非作歹泯滅人性的惡徒，這是善良的大眾所引領企盼的和平社會，也是人性本善的表徵。死刑的廢除或保留？值得商確。人性本善，是永恆不變的真理。

《中庸》是孔門傳授心法

　　《中庸》是孔門傳授心法。子思唯恐日久相傳而有失真，故書寫成冊，以傳授孟子。《中庸》：「唯天下至誠，為能盡其

性；能盡其性，則能盡人之性；能盡人之性，則能盡物之性；能盡物之性；則可以贊天地之化育；可以贊天地之化育，則可以與天地參矣。」[11] 惟有天下至誠的聖人，才能完全發揮自己的本性，能完全發揮自己的本性，就能完全發揮眾人的本性；能完全發揮眾人的本性，就能完全發揮萬物的本性；能完全發揮萬物的本性，就可以贊助天地化育萬物了；可以贊助天地化育萬物，就可以和天地並立為三了。由「天下至誠」朱子以為「聖人至德之實，天下未能加也。」陽明有天下人人皆為聖人，人人都是人性本善。此為人的天賦本性；由人性本善而達到至誠，是人為的教化。能至誠就是表明人性本善；能表明人性本善，就是為

人至誠的表現了。

王陽明：心即理，心外無物、心外無理

王陽明「心即理」的哲學思想，遠取於孟子的「性善」主張；近則繼承陸九淵的「人皆有是心，心皆具是理，心即理也。」王陽明認為在心上做「去人欲，存天理」的功夫，使心不為私欲所遮蔽，則心之本體自然呈現，擴充流行，便達到至善的境界。所以虛靈不昧，眾理具而事出。心外無理，心外無事。或曰：「人皆有是心。心即理，何以為善，有為不善？」陽明曰：「會人之心，失其本體。」陽明所謂「心與理一」「心外無理」「心外無物」，本是形上學的命題，他的格物義亦是形上學的；

---

[11] 《中庸》第二十二章。

格物即是正物，即是成物。「一切事物皆在良知之潤涵成就中，攝物以歸心，而為心所貫徹，此便是形上學的直貫。亦正是儒家內聖之學的本義」[12]

　　王陽明的「心即理」，無私欲之蔽，唯求其是。心的本體即是天理，是王陽明哲學思想主要觀點之一。理一而已，以其理之凝聚而言則謂之性，以其凝聚之主宰而言則謂之心，心是理的主宰，心的條理處即理。王陽明反對朱熹析心理而為二，外心以求理，朱子的格物致知，是要求學子通過認識外物以明白心之全體大用；王陽明認為格物的格，是去其心之不正，以全其本體之正。意的本體便是物，知意之所在，便是知物；是人心本有的不是認識外物，才有意之所在，是知物。知是人心本有，不是認識外物才有，這個知便是「良知」。

　　蔡仁厚先生分析朱子與陸王對「心即理」觀點的歧異：朱子主張：（1）性即理，屬形而上，超越而普遍。（2）心不是性，亦不是理，而士氣之靈，屬形而下。（3）心性二分，心與理析分為二。陸王主張：（1）心性、心理、性理為一。（2）心即性，性即理，心即理。（3）心、性、理為一。[13]所以宋明「理學」，又稱「心學」。

牟宗三先生觀點：

內聖者，內而在於個人自己，即自覺地做聖賢功夫（道德

12　「是故內聖外王之道，闇而不明，鬱而不發，天下之人各為其所欲為欲焉以自為方。」《莊子　天下篇》。
13　蔡仁厚著《王陽明哲學》，頁128，三民書局，2009.08。

實踐）以發展完成其德行人格之謂也。」其詞淵源於《莊子·天下篇》：曰：「以天為宗，以德為本，以道為門，兆於變化，謂之聖人。」又曰「是故內聖外王之道，暗而不明，鬱而不發，天下之人各為其所欲焉，以自為方。」聖人的定義，「聖人是內心修德齊備，進而以內聖為基礎，為服務天下人民盡最大的努力，這是做聖人的基本道理。聖人以自然為宗主，以純德為根本，以道體為門戶，能夠超出窮通死生的變化，是為聖人。」又說：「內聖外王的道理，幽暗而不彰顯，閉塞而不光大，天下的人，各自認為自己所喜愛的見解，就是大道。」儒家得養心，未曾離卻事物，只順其天，則自然就是功夫，回歸道家的本義。按：牟先生的敘論以「莊子·天下篇」為基調，周延而無缺陷，圓滿而連結儒道，視為的論。

王陽明析論朱子的「格物窮理」[14]

王陽明說：「朱子所謂格物，在即物而窮其理。即物窮理，是就事事物物上求其所謂定理的事。是以吾心而求理於事事物物之中，析心與理而為二。」如果我們忽然看見小孩子掉進深井裏，必生惻隱之心，此惻隱之心是在孩童身上呢？還是在我們的良知呢？那個時候，我們想救孩童，可跳進井理？可用繩索救人？還是伸手救他？這是當兒說的理。天下萬事萬物的事

---

[14] 王陽明哲學思想的形成起於對朱熹格物致知說的批判，而止於對格物說的改造和致良知說的完成。王陽明對朱熹學說的批判主要有兩個方面：一是批判它的內在矛盾，二是批判它的學術之弊，二者都對其主觀實踐道德論的形成有著重要影響。《陽明學與當代新儒學》。

理，都是一樣的。「夫析心與理而為二，此告子義外之說，孟子知所深辟（避）也。務外遺內，薄而寡要。」將心與理對立，遂使道德修養，但注重口述聽講而缺少身體力行的功夫。像鄙陋的人，認為致知格物的人，「致吾心之良知者，致知也。事事物物皆得其理者，格物也。是合心與理為一者也。……是以朱子晚年之論，不言而喻也。」[15] 陽明答黃以方曰：「格物即慎獨，即戒懼。至於集義、博約功夫只一般。」[16]慎獨才是關鍵，它是自我省察的最重要的功夫。而王陽明貶職到貴州龍場，錢子（德洪）就亭前用心格竹，三日至勞神成疾；陽明自行格竹七日，以勞思致疾。在夷中三年，悟得格物之功，只在身上做，決然以聖人為人人可到。

釋惟覺大師觀點

釋惟覺略說：「王陽明被貶官貴州龍場驛時，感到失意，轉而修道。於是依照大學之道，從格物致知入手，進而達到聖人的境界。陽明以為格物，是研究萬事萬物的第一因，如同自然科學研究，必知其然且知其所以然」。於是格竹為例，大膽假設，小心求證，同於禪宗「參話頭」法門。[17]

按：劉宗賢認為王陽明對朱熹心理為二，以自然觀的自然

---

[15] 《傳習錄校釋》中，頁 72。
[16] 《傳習錄校釋》下，頁 180。
[17] 《釋惟覺禪心世界》，頁 51-53。話頭的殊勝，此法門乃北宋大慧宗杲禪師大力提倡。藉此法的參究息滅多生累劫的無名煩惱，開發吾人本來面目。過去有許多法師大德，因為修行參話頭而明心見性。（佛光山全球資訊網）。

客觀天理為宇宙本體，推衍到人，形成以格物致知為主旨的人生道德學說；而陸九淵基於人生道德學說，認為明心遂將本心擴展到社會、自然、宇宙，當作主宰一切為主宰。王陽明將朱陸兩種學說組合，重視道家自然人性的觀點。[18]

王陽明答徐愛對朱熹的疑惑？

「昨以先生之教，推之格物之說，似亦見得大略。但朱子之訓[19]，其於《書經》之精一，《論語》之博約，《孟子》之盡心知性，皆有所證據，以是未能釋然。」[20]

陽明聽到徐愛的心存疑惑，不得不再提出正解，認為朱熹的精一、博約、盡心的見解，本來與陽明的看法是一致的。只是未深入思考罷了。朱子格物之訓，未免流於牽合附會，並不合於本來的意義。精是一之功，博是約之功，仁至就已經明白知道知行合一的理論，就這論點觀察就明白了。所以盡心、知性、知天，是生知安行的事也，是聖人之事；存心、養性、事天，是學之利行的事，也是賢人的事；夭壽不貳，修身以俟，是困知勉行事，也是凡人的事。朱子說明格物是錯誤的，順序是顛倒了，用盡心、知性作為物格知致，要求初學的人去做生

18　劉宗賢、蔡德貴著，《陽明學與當代新儒學》中國人民大學出版社，2009.09
　　第一版，頁107。
19　「朱子之訓」，「訓」字不是「教訓」，義為「說明」。從「訓詁」學
　　一詞得知。「詁」，古言也。「訓詁」即「解釋」或「說明」古詞之義。
　　如司馬光「訓儉示康」一文，　說明節儉的道理告知司馬康。
20　《標註傳習錄》上，頁8。

知、安行的事，是做不到的。王陽明以為此乃為聖人之事。[21]王陽明答徐愛曰：「心即理也，此心無思欲之蔽，即是天理，不須外面添一分。以此純夫天理之心，發之事父便是孝，發之事君便是忠，發之交友、治民便是信與仁。只在此心去人欲、存天理上用功便是。」[22]朱熹認為聖人、賢人、凡人三等人，其學習各有不等的層次，不能越級學習。若越級以學，則勤苦而難成，事倍而功不就，徒勞而已。陽明則以為心即理，只要是人，去其人欲，量力而為，人人皆可實踐做到。

21　同註 21。
22　《標註傳習錄》上，頁 004。

七、窮理何以即是盡性？良知是造化的精靈。

朱子與陽明論格物有別

　　朱子所謂格物者，在即物而窮理。即物窮理是就事事物物求其定理的事，以吾心而求理於事物之中，是析心與理為二也。然陽明主張「致吾心之良知者，致知也。事事物物皆得其理者，格物也。是合心與理而為一者也。」[1]

　　梁日孚[2]問：「窮理何以即是盡性？」先生曰：「心之體，性也，性即理也。」[3]因居敬是存養功夫，窮理是窮盡事物之理，故居敬亦即是窮理。王陽明答延平問當理與私心的分別，「心即理也，無私心即是當理，未當理便是私心。」[4]

　　又答延平無私心即是當理，未當理即是私心。

　　牟宗三先生曾說：「良知是天理之自然而明覺處，如此，則天理雖客觀而亦主觀。天理是良知之當然而必然處，如此，則良知雖主觀而亦客觀。」[5]這就是「心即理」「心外無理」「良

---

[1]　《傳習錄校釋》中，頁 72，〈答顧東橋〉。
[2]　梁日孚，即梁焯（1433-1528），字日孚，南海人。官至兵部職方司主事，王陽明弟子，與薛侃等一起為陽明心學在嶺南的傳播與發展做出貢獻。
[3]　《傳習錄校釋》中，頁 56。
[4]　《傳習錄校釋》上，頁 44。
[5]　蔡仁厚《王陽明哲學》，頁 20，三民書局，1974.10。

知之天理」這些話的真實意義。至於論及溫清定省者，語出《禮記·曲禮》溫，冬天讓父母溫暖；清，夏天讓父母涼快；定，夜裡讓父母睡得安穩；省，晨起向父母請安。這些都是發自子女誠孝的心，必須子女先有誠孝的心，然後有條件地發出來。譬如樹木，誠孝的心，就是樹木的根，其他條件的配合，就是樹木的枝葉，不是先有枝葉，後有種根。盡孝的子女，先有和氣；而有愉色；才有婉容。深愛做根，才能做到誠孝。溫清定省是窮理盡性的具體表現，更是去人欲、存天理倫理的實踐。陽明對良知的讚嘆，說：「良知是造化的精靈。這些精靈生天生地、成鬼成帝。皆從此出，真是與物無對。」[6] 此說與《莊子·大宗師說道》：「生天生地，神鬼神帝。」歌頌良知的無所不在，無所不能，陽明與莊子的觀點頗為類似。而朱熹分尊德性、道問學為兩件事。陽明不以為然，道問學即尊德性為一件事。[7]

良知是心的本體，良知人人都有

　　王陽明：「知是心之本體，心自然會知。見父自然知孝，見兄自然知弟，見孺子入井，自然知惻隱。此便是良知，不假外求。若良知之發更無私意障礙，即所謂克其惻隱之心，而仁不可勝用。」[8] 心即腦也，腦主思想。知孝、知悌、知惻隱，乃出於本心，良心的自然體現，並無其他意圖。所以與天具有的

---

[6] 《傳習錄校釋》下，頁 154。

[7] 黃以方《傳習錄校釋》下，頁 180。

[8] 《傳習錄校釋》上，頁 9。

本能，不藉外力的驅策，也是人性本善的自然流露。陽明〈詠良知〉：「無聲無臭獨知時，此是乾坤萬有知。」[9] 劉宗賢認為 良知即是實踐道德主體，其紓論綱要：（1）良知是凝聚於心中的道德理性（2）良知是自性本體（3）良知是明覺本體。[10] 徐愛問：「止至善之教，已覺功夫有用力處，但與朱子格物之訓，思之，終不能合。」陽明提出朱子客觀唯心主義在道德修養，修養論所固有的矛盾，即主觀和客觀、認識和修養的矛盾，也就是心與理心與物的矛盾。陽明以為朱子哲學思想的學術之弊，非但不能破其功利之見，反使其毒淪浹於人之心髓，因此造成相衒以知，相軋以勢，相爭以利，相高以技能，相取以聲譽的陋習，危害社會。遂轉而師習陸九淵的主觀唯心主義。

陳九川說：「朱子格物之說非是，然亦疑先生以意所在為物，物字未明。」已卯 [11]明世宗嘉靖七年（1529）歸自京師，再見先生於洪都（江西南昌）。先生兵務倥傯，乘隙講授。首問近年體驗得明明德工夫，只是誠意。1529 年 1 月 9 日病逝。

司馬溫公格物致知之說，格，猶捍也，禦也，能捍禦外物，而後知至道。文錄曰：「捍禦之說，未為甚言，然止捍禦於其外，未有拔去病根之意，非所謂克己求仁之功。只要知身心意

9　陽明〈詠良知四首示諸生〉：「無聲無臭獨知時，此事乾坤萬有知。拋卻自家無 盡藏，沿門持缽效貧兒。」第一首。

10　《陽明學與現代新儒學》〈第九章致良知的實踐道德本性〉，劉宗賢、蔡德貴著，頁 132-137。

11　李生龍以為朱、王格物的不同有言：程、朱以格為「至」，以「格為窮至事物之理，欲其極處無不到」的，包含窮至「倫理與自然」的含義。而陽明以格為「正」，取自孟子「唯大人為能格君心之非」《孟子‧離婁上》又訓「物」為「事」，「格物」即「正事」。將「格物」納入「倫理」系統之內。李生龍《新譯傳習錄》，頁 537。

物是一件。」[12] 明朝中葉正德、嘉靖年間，為加強對人民思想的控制，一宗朱子之學，學子一昧崇奉程朱理學，造成思想上的空疏與僵化，行為上的虛偽與偏頗，言行不一，封建社會的頹廢。王明陽遂提出致良知、知行合一，以為挽救社會的針砭。

　　甘泉[13] 謂格物猶言造道，又謂窮理如窮其巢穴之窮以身事之也。故格物亦只是隨處體認天理，與先生學說漸近。

戒慎恐懼是良知

　　「良知雖不滯於喜怒憂懼，而喜怒憂懼亦不外於良知也。」[14] 陸原靜有言：「良知，心之本體也；照心，人所用功，乃戒慎恐懼之心也，猶思也。而遂以戒慎恐懼為良知，何與？」戒慎恐懼者，是良知也。[15] 陽明對於陸原靜的疑惑，再次講明良知是體用合一，戒慎恐懼的寂然不動，乃良知之本體，發而流行，則是良知之用。陽明闡釋說明，凡人處得有善有未善，以及有困頓失次之患的處境，皆是牽於毀譽得失，不能實致其良知，就是患得患失前後失據的時候。若能實致其良知，然後得平日所偽善者未必是善，所謂偽善者，卻恐正是牽於毀譽得喪，自賊其良知的關鍵。

---

[12] 《標註傳習錄》下，頁3。
[13] 湛甘泉先生若水（1465-1560），字元明，號甘泉，廣東曾城人。從學於陳白沙，以母命入南雍。後登進士，和陽明講學，來學者令習禮，後聽講。正德年間母逝，廬墓三年。嘉靖初入朝，歷禮兵上書致仕。平生治學以「涵養需用敬，進學在致知」為準則。享壽九十五。著《湛甘泉集》。
[14] 《傳習錄校釋中 頁99》。
[15] 《傳習錄校釋中 頁99》。

所以「凡勞其筋骨，餓其體膚，空乏其身，行拂亂其所為，動心忍性，以增益其所不能者，皆所以致其良知也。」[16] 因若是先有公利，計較成敗，便是用其私智，愛譖存於心，便是義外，便不是致良知以求自慊之功也。虔州（原轄南康 後改名贛州）將歸，有詩別先生，弟子敷英曰：「良知何事係多聞，妙合當時已種根。好惡從之為聖學，將迎無處是乾元。」[17] 此詩大意：良知是與生俱有的慧根，後天的學習，他是聖人之學，學習去蔽去妄，順從天地自然之道就好了。「戒慎恐懼者，是良知也。」[18] 偽善者自賊其良知，因其計較成敗，不能去蔽去妄，不能動心忍性，不能增益其所不能，便是不能去做到致良知，知而不行，就是不知。

良知與萬物互為體用

陽明答歐陽崇一說：「良知是天理之昭昭靈覺處，故良知即是天理，思是良知之發用。若是良知發用之思，則所思莫非天理矣。……蓋思之是非邪正，良知無有不自知的人。」[19]

「良知」閩南話謂之「良心」，更是直白而貼切；與生俱有善意，是個人靈覺，既然是天理，無遮無蔽，無欲無邪，回歸人性的本善。

「良知」的由來，陽明對黃省曾[20] 說：「目無體，以萬物

---

[16] 《傳習錄校釋》中，頁 110。

[17] 《傳習錄校釋》下，頁 137。

[18] 《傳習錄校釋》中，頁 99。

[19] 《傳習錄校釋》中，頁 109。

[20] 黃勉之，即黃省曾；字勉之，號五岳，王陽明學生。

之色為體；耳無體，以萬物之聲為體；鼻無體，以萬物之臭（嗅）為體；口無體，以萬物之味為體；心無體，以天地萬物感應之是非為體。」[21] 於是得知，陽明主張心外無物，心外無事，以此推論，則物本無體，以心為體。我們的五官若遠離事物，良知則不得其用，所以良知與萬物互為體用，體用同源。

「人一日間，古今世界都經過一番，只是人不見耳。夜氣清明時，無視無聽，無思無作，淡然平懷，就是羲皇世界。平日時神清氣朗，雍雍穆穆，就是堯舜世界。日中以前，禮儀交會，氣象秩然，就是三代世界。日中以後，神氣漸昏，往來雜擾，就是春秋戰國世界。漸漸昏夜，萬物寢息，景象寂寥，就是人消物盡世界。學者信得良知過，不為氣所亂，便常做個羲皇上人。」[22] 人在一日之間，隨著夜氣清明時，無視無聽，無思無作，良知淡然平懷，心境不為氣所亂。其後白天的時段，因心境受到干擾，良知受到蒙蔽，氣亂神昏，平懷心靜蕩然無存。此為類比的思想，井然有序。

良知與認知的不同

孟子說：「人之所不學而能者，其良能也；所不慮而知者，其良知也。」[23] 可見陽明的「良知」，乃得自於孟子。「良知人人皆有，聖人只是保全，無些障蔽，兢兢業業，亹亹翼翼，自然不息，便也是學。」[24] 良知是陽明心學立論的根本。陽明說：

21　黃省曾錄《傳習錄校釋》下，頁160。
22　黃省曾錄《傳習錄校釋》下，頁171。
23　《孟子・盡心上》。
24　《傳習錄校下》，頁138。

「夫心之本體，即天理也。良知是天理之昭明靈覺處，所謂良
知也。君子戒懼之功，無時或間，則天理長存，而其昭明靈覺
之本體，自無所昏蔽，自無所牽擾，自無所歉餒愧怍。」[25] 先
生遊南鎮，一友指岩中花樹，問曰：「天下無心外之物。如此
花樹，在深山中自開自落，於我心亦何相關？先生曰：你未看
此花時，此花與汝心同歸於寂。你來看此花時，則此花顏色一
時明白起來，便知此花不在你的心外。」[26] 心知之知不是良知
之知，而是認知之知。良知是與生作俱有，是不學而知，吾不
善也；認知是經由後天的學習而有的知識與經驗的累積，有善
有惡，有正確、有偏差，常常因個人情緒、立場而受到影響，
不易掌控。

　　「知是心之本體，心自然會知：見父自然知孝，見兄自然
知弟，見孺子入井，自然知惻隱，此便是良知，不假外求。[27]「良
知不由見聞而有，而見聞莫非良知之用；故良知不滯於見聞，
而亦不離於見聞。」[28] 凡人皆具有七情，七情順著自然的流動，
這些流動都是良知的運用，但沒有善惡的區別。若有七情的情
形，俱是良心受到蒙蔽，善惡由此而生。陽明認為「七情有著，
俱謂之欲，俱為良知之蔽。然才有著時，良知亦自會覺，覺即
蔽去，復其體矣！此處能勘得破，方是簡易透徹功夫。[29]

　　孟子有言：「雖存乎人者，豈無仁義之心哉？其所以放其
良心者，亦猶斧斤之於木也，旦旦而伐之，可以為美乎？其日
夜之所息，平旦之氣，其好惡與人相近也者幾希；則其旦晝之

25　《傳習錄校釋》下，頁 210。
26　《標註傳習錄》下，頁 159。
27　《傳習錄校釋》上，頁 9。
28　《傳習錄校釋》中，頁 107。
29　《傳習錄校釋》下，頁 165。

所為，有梏亡之矣。梏之反覆，則其夜氣不足以存，擇其違禽
獸不遠矣。人見其禽獸也，而以為未嘗有才焉者，是其人之情
也哉？」[30]

　　孟子主張人人都有仁義之心，也就是良知。為什麼會失去
良知？若是每天都用銳利的斧頭去砍伐它，每天反覆的砍伐
它，良知受到傷害，漸漸地失去了，人的良知不見了，就是不
仁不義，就接近禽獸了。這不是人的本質。所以良知是為人的
基本條件。

王陽明解答陳九川學知、生知的不同：

　　「良知人人皆有，聖人只是保全，無些障蔽，兢兢業業，
矗矗翼翼，自然不息，便也是學；只是生的分數多，所以謂之
「生知安行」。眾人自孩提之童，莫不完具此知，只是障蔽多，
所以謂之「學知利行」。[31] 陽明教導學生陳九川，人人與生俱
有的良知，都是相同。而眾人常擁有私心慾望多而蒙蔽良知，
所以必須藉著後天努力不斷的學習，減少私慾的障礙，恢復良
知明覺，以利個人後天的努力學習，向聖人學習，恢復與生俱
有的良知本性，稱為「學知利行」。而聖人善於保存與生俱有
的良知本性，稱為「生知安行」。

　　陽明曰：「身之主宰便是心，心之所發便是意，意之本體
便是知，知之所在便是物。」[32] 所以陽明認為「無心外之理，

---

[30] 《孟子‧告子上》。
[31] 《標註傳習錄》下，頁138。
[32] 《傳習錄校釋》中，答歐陽崇一，頁109。

無心外之物。」

中庸有言：「不誠無物。」大學稱「明明德之功，只是個誠意；誠意之功，只是個格物。」[33] 心是身體的主宰，也是學習的動力根源，由心而意，由意而之物，完成的要件就是「誠意」。

陽明曰：「良知不由見聞而有，而見聞莫非良知之用。故良知不滯於見聞，而亦不離於見聞。」[34] 孔子云：「吾有知乎哉？無知也。良知之外，別無知矣。故致良知是學問大頭腦，是聖人教人第一義。」[35] 大概做學問的重要要件，在於運用大腦得當，以致良知為骨幹，就能日起有功。

君子的灑落如何？

灑落的定義：君子心體不為私慾之累，而無入不自得。

陽明曰：「君子之所謂灑落者，非曠蕩放逸之謂也，乃其心體不累於欲，無入而不自得之謂耳。夫心之本體，即天理也。天理之昭明靈覺，所謂良知也。君子戒懼之功，無時或間，則天理常存，而其昭明靈覺之本體，自無所昏蔽，自無所牽擾，自無所歉餒愧怍。動容周旋而中禮，從心所欲而不逾。斯乃所謂真灑落矣。」[36] 舉證說明：君子養心之學，在於培養自然的良知，即昭明靈覺，像良醫治病。隨著病人的身體狀況，斟酌

---

[33] 同註 32，《傳習錄校釋》中，〈答歐陽崇〉一，頁 109。
[34] 《傳習錄校釋》中，〈答歐陽崇〉一，頁 107。
[35] 同註 34，《傳習錄校釋》中，〈答歐陽崇〉一，頁 107。
[36] 《傳習錄校釋》附錄一，頁 209-210。

給予藥方，養心勝於養體，目的在於藥到病除而已。若是病入膏肓，而心已失去療治的期望，則聖手良醫亦束手無策，無能為力了。

　　至於養心的關鍵，老子有言：「道無為，法自然；人法天，天法道，道法自然。」[37] 老子主張去「成心」（主觀），做到無欲則剛。而莊子認為「生有涯，知無涯」坐忘而離形去智。在「養生主」文中提出「緣督以為經」，可以保身，可以全身，可以養親（精神），可以盡年。如庖丁解牛，得養生的至理，灑落之極也。與孟子至大至剛的浩然之氣，則大相逕庭矣。

　　王陽明將理歸到心中，回到良知的社會倫理的功能，理由有三：（1）至善是心的本體（2）認為社會道德人倫的基礎是人倫之愛，此乃根源於心（3）認為誠心是社會通行判斷道德行為的是非標準。[38] 所以良知極為孟子所提倡的人性本善，它是個人內在道德修行，更是人性內在的凝聚。亦即是個人情、意、志的總結合。總之，心與良知合而為一，在明覺，在天理；明覺與天理合而為一，方是良知。[39] 劉宗賢、蔡德貴著《陽明學與當代新儒學》，張岱[40] 認為王陽明創良知之說，為暗室一炬。遂使王陽明的良知一說，引導人心，大放光明。

---

[37]　劉宗賢、蔡德貴著《陽明學與當代新儒學》，中國人民大學出版社，2009.09，第一版，心即理頁 110，《老子第二十五章》：「人法法道，道法自然。」

[38]　同註 37。

[39]　劉宗賢、蔡德貴著《陽明學與當代新儒學》，頁 142。

[40]　張岱（1597-1684），字宗子，號陶庵，浙江紹興人。明末清初文學家、史學家。出身書香門第，家境富裕，生活奢華，但屢試不第，明亡後，入山著書以終。

八、王陽明的知行合一

王陽明為徐愛解說知行合一的意義。

　　徐愛因未充分領會先生「知行合一」之訓，與宗賢、惟賢往復辯論，未能決議，遂問於陽明。

　　陽明曰：「試舉例以證。」愛曰「如今人盡有知得父當孝、兄當弟者，卻不能孝、不能弟，便是知與行分明是兩件事。先生曰：「此已被私慾隔斷，不是知與行的本體了。未有知而不行者，知而不行，只是未知。聖賢教人知行合一，正是要恢復那本體。」[1] 於此便是知行的本體，不曾有私意。以《大學》為例，如好好色，如惡惡臭。見好色屬知，聞惡臭亦屬知；而好好色屬行，惡惡臭亦屬行。只見那好色時，已自好了，不是見了後，又立個心去好。而聞那惡臭時，便自惡了，不是聞了後，別立個心去惡。如此，知與行隔斷了。聖人教人，必要是知行合一，方可謂之知。不然，只是不曾知，此卻是何等緊切著實的功夫。

　　黃直（以方）[2] 問知行合一。陽明曰：「此必須認識我立言宗旨。今人學問，只因知行分做兩件，故有一念發動，雖是不善，然卻未曾行，便不去禁止。我今說個知行合一，正要人曉

---

[1] 《傳習錄校釋》上，頁 6-7。
[2] 黃以方，即黃直，字以方，江西金溪人，嘉靖二年進士，官漳州推官，王陽明學生。《傳習錄校釋》下，頁 138。

得一念發動處，便即是行了。發動處有不善，就將不善的念頭
克倒了，需要徹徹底底，不使那一念不善潛伏在胸中。此是我
立言宗旨。」[3] 總之，「知者行之始，行者知之成。聖學只一個
功夫，知學不可分做兩事。」[4] 黃直記載：「先生嘗謂人但得好
善如好好色（知），惡惡如惡惡臭（行），便是聖人。」[5]

陽明說：「人胸中各有個聖人，只自信不及，都自埋倒了。」
[6] 至於聖人之學，只是一「誠」字而已，「誠」是知行和實踐的
原動力，不誠則無事可成了。

又答徐愛知與行分明是兩件說：「此已被私慾隔斷，不是
知行的本體了。未有知而不行者。知而不行，只是未知。」[7] 聖
賢教人知行，就是要人恢復個人的本體，不是任人隨意罷了。
如好好色，如惡惡臭，看見好色屬於知，好好色屬於行。只見
好色時，已自好了，不是看見好色以後，又立個心去好。豈不
是知與行兩分了嗎？

知道不難做到為難？

陽明曾認為知行二字是功夫，但有深淺難易的不同而已。
答黃省曾：「良知原是精精明明的，如欲孝親，生知安行的，

---

[3] 《傳習錄校釋》，頁 140。
[4] 《傳習錄校釋》上，頁 21。
[5] 《傳習錄校是》下，頁 141。
[6] 《王陽明全書》三，頁 74，其言有三種意義：（1）人人皆可以成為聖人，為堯舜。（2）要成為聖人，必須反求諸己。（3）人人心中的聖人，常因自身不當，良知被遮蔽不明，必須除去遮蔽，恢復良知，才能做到聖人的境地。
[7] 《傳習錄校釋》下，頁 6。

只是依此良知落實盡孝而已。……至於困知勉行者，蔽錮〈禁閉〉已深，雖要依此盡孝，又為私慾所阻礙，因此不能圓滿做到，必須增加人一己百、人十己千的功夫，才能依此良知以盡其孝。」[8] 所以陽明深感知行的合一不易做到，而有「破山中賊易，破心中賊難」，知道不難，做到為難：知只是行的開端，落實行的功夫，必須困知勉行，持之以恆，不成功絕不中輟。茲有父子訟獄，陽明著以大舜的盡孝與父親瞽瞍的不慈，激發人們的良知，最後使父子相抱慟哭悔悟而去，這是陽明就現實中以良知施教的一個孝感動天的例子。能知必能行、知行合一的實證。

即知即行

陽明答顧東橋[9] 來書云：「然功夫次第，不能無先後之差。如知食乃食，知湯乃飲，知衣乃服，知路乃行，……未有不見是物，先有是事。此亦毫釐倏忽之間，非謂截然有等今日知之，而明日乃行也。」[10] 陽明以物為事，有事而有意念，有意念而後實踐。王陽明的知行合一哲學思想，是從道德以及生活的實踐中體驗而出，再轉化為唯心主義的主張，繼承陸九淵的思想而成。

主張一念發動處即是行，因此，如日常生活的知食、知湯、

8　《傳習錄校釋》下，頁 165。
9　顧東橋即顧璘（1476-1545），字華玉，號東橋。蘇州府吳縣（江蘇無縣）人，明代文學家，官至南京刑部尚書。《傳習錄校釋》中，頁 66。
10　《傳習錄校釋》中，頁 67-68。

知衣、知路等意念發動處，就是行的起點。而入口以後滋味的美惡，穿衣的美醜，行路的難易等，就是行的完成。故知行不可分先後，而是合一併同行，也就是即知即行。因為知是行的起點，是行的動機；而行是知的結果，行的完成。即知即行是知行合一的終極目標。

析論朱子心與理為二之弊？

　　陽明答顧東橋來書：「晦庵謂人之所以為學者，心與理而已。心雖主乎一身，而實管乎天下之理；理雖散在萬事，而實不外乎一人之心，是其一分一合之間，而未免已啟學者之心，析理為二之弊。」[11] 此後世所以有專求本心、遂遺物理的錯誤，正因為不知「心即理」的想法。朱子「去外心以求物理，是以有暗而不達之處；此告子義外之說，孟子所謂的不知義了。心一而已。以其全體惻怛而言稱為「仁」，以其得宜而言稱為「義」，以其條理而言稱為「理」。不可外心以求仁，不可外心以求義，獨可外心以求理嗎？外心以求理，此知行為二了。求理於吾心，此聖門知行合一的教誨，我們又何疑問呢？」[12] 陽明直指朱子外心以求理，知行為二之不當。遂有知而不行，等於無知的弊病，缺少奮勉努力向上的動力。

　　「朱子與陽明的看法雖相似，但有不同。朱子析理為二，因此後世遂有專求本心，而遺物理之患。因為朱子不知心即理，去外心以求物理，此告子義外之說，孟子所謂的不知義了。

11　《傳習錄校釋》中，頁 69。
12　同註 11。

與陽明貫通心、性、理合而為一，失之毫釐，差以千里，不可不知也。〈朱子晚年定論〉陽明自認學問與朱子有些抵牾，但精神上卻是相通的。」[13]

朋友觀書，多有摘議晦庵者。陽明曰：「是有心求異，即不是。吾說語晦庵時有不同者，為入門下手處有毫釐千里之分，不得不辨。然吾之心與晦庵之心，未曾異也。若其餘文義解得明當處，如何動得一字？」[14] 蓋朱子不知心即理，析心理為二故也。陽明主張心即理也，融合心性理為一也。

真知即所以為行，不行不能謂之知。

朱子的主張雖與王陽明相似，然而將心與理分為二元論，一脈相傳，「專求本心、遂遺物理」。在心與理分合之際，強調外心以求理。

「分心與理為二，其流至於伯（霸）道之偽而不自知，故我說個心即理，要使知心理是一個，便來心上做功夫，不去襲取於義，便是王道之真。此我立言宗旨。」[15] 與王陽明的心即理的主張，大相逕庭，形成朱王的差異。」按：陽明認為知行並進，不宜分別前後，及《中庸》尊德行而道問學之功，交養互發，內外本末一以貫之之道。

「知行合一」的要義，在於反對「知而不行」或「不知妄為」的現象，為避免徒勞無功，必須加強道德自覺，去人欲，

---

[13]　劉述先《陽明學綜論》，「論王陽明最後定見」，頁 17。
[14]　《傳習錄校釋》上，頁 46。
[15]　《傳習錄校釋》下，頁 179。

存天理。排除惡的念頭，在心中遊走，產生現實生活的惡念，揮之不去，造成生活的墮落與不堪。後人崇拜王陽明，追隨王陽明，勵行知行合一的學說，更積極主張能知必能行，實踐知行合一的學說，就現代科學的日新月異，科技的進步，進而主張不知亦能行[16]。科學的發明，AI機器人的運用，外太空的旅遊探究，……等等，從無到有，改變人類的思想與生活，事例不勝枚舉。

良知是心之本體，功能如何？

陽明曰：「人之本體，常常是寂然不動的，常常是感而遂通的，未應不是先，已應不是後。」[17]「良知，心之本體，即所謂性善也。」[18]〈與陸原靜書〉人的本體就是「心」，心若是沒有感覺就是寂靜不動；所以當心有感覺的時候，並沒有前後的區隔，只是自然本性反應的律動，這種律動即為人性本善的顯現。

冀惟乾問：[19]「知如何是心之本體？」陽明曰：「知是理之靈處。就其主宰處說，便謂之心。就其秉賦處說，謂之性。孩提之童，無不知愛其親，無不知敬其兄，只是這個靈能不為私慾遮隔，充拓得盡，便完全是他本體，便與天地合德。自聖人以下，不能無蔽。故需格物以致其知。」[20]。有一屬官，因長

16　泛指近代日新月異的科學發明，如機器人、無人機的空拍或送達郵件。
17　《傳習錄校釋》下，頁181。
18　《傳習錄校釋》中，與陸原靜書，頁95。
19　惟乾即冀元亨。字惟乾，武陵人（湖南常德）陽明學生。
20　《傳習錄校釋》上，頁57。

久聽陽明講學，說此學很好，只是簿書訟獄繁忙，不得為學。陽明聽見說：「我不曾要求離開本務去講學。你已有官司的事，便從官司的事為學，才是真格物。」原來格物就是從本務的即時實踐，不必另起爐灶。所以「格物致知」並不會增加自己的工作量，它是件輕而易舉的事。若惟乾心中的疑慮，乃知而不行的缺失，未能實現「格物致知」的理念。

九、致良知是聖人教人第一義

王陽明的致良知與萬物為體用

「致」有實踐、恢復、擴充等義，所以「致良知」即為實踐良知的積極作為，有恢復、擴充良知的自我除去遮蔽消極作為。良知不滯於見聞，而亦不離於見聞。孔子曾自謙除良知之外，乃為無知的人。所以致良知是學問大頭腦，是聖人教人第一義。

陽明曰：「吾昔居滁（安徽滁州市。正德八年至九年，西元 1513-1514）時，見諸生多務知解，口耳異同，無益於得，故教之靜坐。一時窺見光景，頗收近效。久之漸有喜靜厭動，流入枯槁之病。或務為玄解妙覺，動人聽聞。故邇來只說「致良知」[1]

。無論是靜處或做事，良知本體是無動無靜，經過長久試驗，致良知是無缺點，俗話說：「三折肱，則成良醫」。致良知是經得起考驗的學說。因為陽明在滁州時是四十二歲，逮五十歲時，才提倡致良知的結論。所以致良知是真切的道德實踐功夫，其目的是「立己立人」、「成己成物」。總之，陽明的「致

---

[1] 《傳習錄校釋》下，頁 155。

良知」是使人成德之教，也是聖賢學問。[2] 劉宗周（蕺山）認為陽明「由學而教，致良知為陽明學之精粹」[3]

陽明答顧東橋：「良知良能，愚夫愚婦與聖人同。但惟聖人能致其良知，夫愚夫愚婦不能致，此聖愚之所由分也。」[4]

孟子的集義就是致良知

陽明答歐陽崇一[5]：「孟子的集義就是致良知。」[6]

孟子言必有事焉，則君子知學終身只是集義一事，義者，宜也，心得其宜之謂義。」[7] 能致良知則心得其宜矣，故集義亦只是致良知。君子的應對萬變，行止得當，生死得宜，斟酌調停，無是無非，但求良知而已。但良知不從經驗中來，但良知經驗在生活中；致良知是學問大頭腦，是聖人教人第一義。大抵學問功夫，只要主意頭腦是當。若主意頭腦專以致良知為事，則凡多聞多見，莫非致良知之功。而劉觀時請問氣象如何？陽明答曰：「啞子吃苦瓜，與你說不得。你要知此苦，還須自己吃。」事非經過不知難，不試，焉德其理？也是知行合一的實踐。

陽明答薛尚謙曰：「告子硬把捉著此心，要他不動；孟子

2　蔡仁厚《王陽明哲學》，自序。
3　吳光《陽明學綜論》，頁 4。
4　《傳習錄校釋》中，頁 79。
5　歐陽崇一，名德，德初見先生於虔，最年少，時已領鄉薦，先生恆以「小秀才」呼之。先生深器之，嘉靖年間 第進士，出守六安州。陽明學生。
6　《傳習錄校釋》中，頁 109。
7　《傳習錄校釋》上，頁 41。

卻是集義到自然不動。心的本體原自不動。心之本體即是性，性即是理，性元不動，理元不動。」[8] 告子的不動心，是人為的做作，既不自然也做不到。而孟子的的不動心，是集義復其心之本體，是可以自然而為，自然做到。「聖人只是順其良知發用，天地萬物俱在我良知的發用流行中，何嘗又有一物超於良知之外，能作得障礙！」[9]〈孟子不動心與告子不動心之比較[10]

孟子不動心	告子不動心
本體不動心	用功不動心
行合義、集義	不合義、把捉此心
浩然之氣	阻擾不息之根

致良知隨處體認

何刊文錄第五期[11] 老古庵書：「概言凡鄙人所謂致良知之說，與今人所謂體認天理之說，本相去不遠，只是有直截迂曲的不同而已。譬如種植致良知者，是培其根本之生意而達到枝葉。體認天理者，是茂盛其枝葉之生意，而企求以恢復牠的根本。但是培養其根本之生意，固自有以達之枝葉矣，欲茂其枝葉之生意，怎麼能夠捨棄根本，而別有生意可以茂盛枝葉之間

[8] 《傳習錄校釋》中，頁 79。
[9] 李生龍《新譯傳習錄》，頁 472。
[10] 《標註傳習錄》下，頁 158。
[11] 《東方文化學刊》，第五期，2016.10.07。

的事嗎？」[12] 體認天理猶如種植樹木培養根本，培養根本而後樹木樹葉滋長繁茂，生意茂然，若是植本，則致良知可期而無憾。

又寄鄒謙之[13] 第五書：「隨事體認天理，即戒慎恐懼功夫，以為尚隔一層，為世之所謂事事物物皆有定理而求之於外者言之耳，若致良知之功明，則此語亦自無害，不然即未免於毫里千里也。」[14] 陽明曰：「這些字看得透徹，隨他千言萬語是非誠偽到前便明，合得的便是，合不得的便非。如佛家說心印。即心心相印，指心意非常心之深義。或言道無所不在，形容說話做事有條理，打成一片，為禪林用語」。[15] 戒慎恐懼的態度，就是體認自然的道理，得到順理成章，做到致良知的功夫。

王陽明答顧東橋書有言：「有是意即有是物，無是意即無是物」，[16] 劉宗賢認為「明白宣布主觀意念所指就是物，若沒有意念就沒有物的存在了。由於對意、物概念的融合與對兩者的關係的顛倒，王陽明把知行功夫的重點進一步落實到意念上，把本來是注重行的知行合一方法變成只在主觀意念上用功。」[17] 陽明謂虛靈明覺知良知，應感而動者為意，有知而後有意，無知則無意，知就是意的本體。而意之所用，必有其物，

---

[12] 《傳習錄》下，續錄頁 3，庚辰，正德十五年（1520），先生 49 歲在江西。

[13] 　鄒守益（1491-1562）字謙之，號東廓，明朝江西湖安人。明武宗正德六年（1512）探花及第。王陽明門下，是江右學派代表人物。

[14] 　禪林用語相似，真是個試金石、指南針。佛家語「心印」，契合。如師生授受間心傳。

[15] 　劉宗賢、蔡德貴著，《陽明學與當代新儒學》，頁 131，中國人民大學出版社 2009 年 9 月，第一版。

[16] 　《傳習錄校釋》中，頁 75。

[17] 　同註 14，頁 131。

物即是事也。若是，觀念上用功，就是事物上用功了。

　　良知是本根，生生不息，致良知是功夫，功夫不可間斷，不可越次。必須依節次深淺，循序漸進，則得日起有功。陽明認為良知是天植靈根，自然生生不息，若著了私類，戕害蔽塞此根，不得發生，以免傷害良知。[18]

去人欲、存天理，良知可致

　　九川說：「今先生拈出良知二字，此古今人人真面目，更復奚疑？」[19]

　　陽明曰：「然。譬知人有冒別姓坟墓為祖墓者，何以為辨？只得開壙，將子孫滴血，真偽無可逃矣。我此良知二字，實千古聖聖相傳一點滴骨血也。」[20] 如今 DNA 英語 DEOXYRIBOUNCLEIC[21] 比對驗明正身的作法，陽明拈出「良知」二字，乃從萬死一生中體悟出來，貶官龍場驛丞。其實是從孟子一脈相傳得來的，不是自己創設的。至於九川個人對於不知意的善惡，只是受物欲掩蔽罷了，必須格去物欲，始能如願。陽明提醒前提是要之身心意知物是一件。心欲視動，無耳目口鼻四肢亦不能。所以無心則無身，無身則無心。因此，指人的充塞處謂之身，指人

18　《標註傳習錄》下，頁 157。
19　《傳習錄校釋》附錄一，頁 207-208。
20　同註 19。
21　比對驗明正身的作法：（1）過敏原檢測（2）毛髮檢測（3）親子鑑定（4）婚前健康檢查。DNA 又稱去氧核醣核酸，是一種生物大分子可組成遺傳指令，引導生物發育與生命機能運作。主要功能是資訊儲存，可比喻為藍圖或配方。。

的主宰處謂之心，指人的發動處謂之意，指人的靈明處涉著處，謂一件。只做到「去人欲，存天理」，斯良知可致也。所以陽明認為知晝即知夜矣，日間良知是順應無滯的，夜間良知即是收斂凝一的，有夢即先兆。所以良知存在人心，聖愚皆備，天下古今都是相同的。是以良知就是天良根，自然生生不息；但著了私欲，將此善根蔽塞，則不得而生了。陽明再三強調致良知的要件，在於去人欲存天理，良知可致，是必然的事，絕不容遲疑。

致良知的功能？

致良知是維繫家庭倫理的要件

陽明用家庭倫理學的觀念，說明良知的可貴。陽明說：「良知猶主人翁，私慾猶豪奴悍婢，主人翁沉疴在床，奴婢便敢擅作威福，家不可言齊矣。……良知昏迷，眾欲亂行，良知精明，眾欲消化，亦猶是也。」[22] 陽明極力主張存天理去人欲，若良知消沉，如主人重病臥床，則人欲高漲，如豪奴慓悍，則作威作福。家不能言齊，遂毀於旦夕矣。由此觀之，良知是齊家的支柱，主人去人欲存天理，則不貪贓，不枉法，見富貴不生阿諛，遇貧賤不生驕態，家人上下而和樂融洽，守分安命而順時聽天，齊家可期矣。

致良知是拯救社會的良方

---

[22] 《傳習錄校釋》附錄一，頁 190。

「後世良知之學不明，天下之人用其私智以相比軋，是以人各有心，而偏瑣僻陋之見，狡偽陰邪之術，至於不可勝說；外假仁義之名，而內以行其自私自利之實，詭辭以阿俗，矯行以干譽，揜人之善而襲以為己長，訐人之私而竊以為己直，忿以相勝而猶謂之徇義，險以相傾而猶謂之疾惡，妒賢忌能而猶自以為公是非，恣情縱欲而猶自以為同好惡，相陵相賊，自其一家骨肉之親，已不能無你我勝負之意，彼此藩籬之形，而況於天下之大，民物之眾，又何能一體而視之？則無怪於紛紛籍籍，而禍亂相尋於無窮矣！」[23]

這是陽明反面的批判後世不行致良知，人心狡詐，表裡不一，仁義不行，社會紛擾。「致良知需大悟，致良知需篤行」，所以致良知之意義，就是力行良知，是拯救社會的良方，國家昌盛的不二法門。

陽明以封建道德觀念，認為可以支配人民現實生活的先驗精神本體，把主觀道德修養當作救世良方，加強個人道德的修養，可以融化世界客觀世界的種種矛盾，以實現「天下一體之仁的美夢幻想。」[24]「爾那一點良知，是爾自家的準則。爾意念著處，他是便知是，非便知非，更瞞他一些不得」。[25] 良知是自我的體現，是是非非自己明白，不容欺騙自己。又說「爾為人若能不自欺，落實良知，存善去惡，便是天下第一等快樂的人，只不要欺他，實實落落依著他做去，善便存，惡便去。

---

[23] 《傳習錄校釋》中，頁119。
[24] 《傳習錄校釋》中，頁74。
[25] 《傳習錄校釋》下，頁135。

他這裡何等穩當快樂。」[26]

「致良知便是必有事的功夫。此理非惟不可離，實亦不可得而離也。無往而非道，無往而非工夫。」[27] 蔡仁厚歸納陽明良知理念：良知無前後內外而渾然一體。無分於有事無事，無分於動靜，亦無於寂感。良知之寂感是即寂即感的，不能把良知分為寂然不動之良知與感應感之良知。以是，若在良知本身說發與未發，亦是即發寂未發，集中即和，而無分發與未發，無分於中與和。中，是就良知自體說，和，是就良知感應說。龍溪所謂「良知即是未發之中，即是發而中節之和」，正是申述陽明之義。

致良知以救天下

王陽明答聶文蔚第一書：「夫人者，天地之心。天地萬物，本吾一體者也。生民之困苦荼毒，孰非疾痛之切於吾身者乎？不知吾身之疾痛，無是非之心者也。是非之心，不慮而知，不學而能，所謂良知也；良知之在人心，無間於聖愚，天下古今之所同。」[28] 社會上的仁人君子，都能致力於實踐良知，那麼社會自然做到公是公非，好惡相同，己所不欲，勿施於人，共同體認覆國之下無完卵，愛屋及烏，萬物平等。天下太平，人人和樂。所以古人行善不落人後，施惡即為己入，人飢己飢，人溺己溺，若有一人不能得救，就像自己將他推入溝裡，不是

---

26 《傳習錄校釋》附錄，頁 182。
27 蔡仁厚《王陽明哲學》，頁 84。
28 《傳習錄校釋》中，頁 118。

刻意的作為，但求天下人相信自己，努力實現良知，求得自己滿足罷了。堯、舜三王時，只是致良知確實做到。所以致良知以救天下，乃亙古不變的真理。

良知者，是非之心，不慮而知，不學而能，乃古今天下人人自然的本性。不分聖愚，不論貧富只要公是公非，同好惡，視人猶己，視國猶家，人飢己飢，人溺己溺，斯為堯舜治天下的仁術，也是致良知的實踐。陽明認為致良知便是必有事的功夫。此理非惟不可離，實亦不得而離也。致吾心良知之天理於事事物物，則事事物物皆得其理矣，無往而非到，無往而非功夫。學者必要立個必為聖人之心，時時刻刻做到一棒一條痕，一摑一掌血，方能有為，實現立志。

王陽明抨擊朱子理學，提倡陸九淵心學。陽明的致良知的論述，衝破朱熹哲學的內在矛盾，從側面暴露道學確有虛偽的一面，動搖了朱熹法統的定位。而把良知作為判斷是非的一種標準，此為從客觀上懷疑傳統教條思想，活躍了社會思想和學術思想。

總之，王陽明確立良知的體用的認定，以為良知是天下的大本，而且是流行不息永恆的存在。透過致良知，以實現「知行合一」。答歐陽崇一說：「蓋良知之在人心，亙萬古、塞宇宙而無不同，不慮而知，恆易以知險，不學而能，恆簡以知阻。先天而不違，天且不違，而況於人乎？」[29] 君子者未嘗憂慮別人欺騙自己，只是自己不欺瞞自己的良知，永遠相信自己的良知。至誠如神，如明鏡之照，妍媸立辨，可以前知。

---

[29]　《傳習錄》中，頁111。

禪師的手指不見了？

有一個禪師把手指明顯的露出來，對眾人說：你們看見手指了嗎？眾人答說：看見了。禪師把手指收回衣袖裡。問說：看見手指了嗎？眾人說：沒看到。禪師說：你們還沒有悟得性。黃以方說：「這是什麼道理？我不明白？」陽明說：「眾人對手指有時看見，有時看不見，就像你看見性常在人的心神，只在看得見聽得到事物上去追逐，而不知道在看不見聽不到的事物去努力。看不見聽不到的事物就是良知的本體，戒慎 恐懼是致良知的功夫。」[30] 陽明欲創立「良知之學」藉注重身心修養的學說，替代「沒溺辭章」的問學之道。目的是利用通過對已經衰敗的官方哲學（程朱理學）批判，為沒落的地主階級尋求更新的精神武器，以振興封建道德，平息階級矛盾，調整統治階層內部關係，挽救危難中的封建社會。[31]

所以程子云：「心通於道，然後能辨是非。」一語道破世人的迷惑。而陽明答黃省曾的「欲莫非人心」的問題，則說：「七情順其自然知流行，皆是良知之用，不可分別善惡。但不可有所著。七情有著，俱謂之欲，俱為良知之蔽。然才有著時，良知亦自會覺。覺即蔽去復其體矣！此處能勘得破，方是簡易透徹功夫」。[32]

---

[30]　蕭无陂《傳習錄校釋》下，頁 162 或 182。
[31]　劉宗賢、蔡德貴著《陽明與當代儒學》，頁 74。
[32]　蕭无陂《傳習錄校釋》下，頁 164。

十、王陽明心學思想對明清
朝代的影響

明末清初，王、朱理學的興衰

明朝王陽明之後，王學的衰退朱子學得再興，先有東林黨的顧憲成，後有儒家傑出三大思想家：黃宗羲、顧炎武、王夫之等相繼而起。

東林黨的崛起顧憲成、高攀龍等實用哲學

明清之際，政事的糜爛頹廢，王綱不振。王陽明的姚江學派，因重視個人心性道德的教育成聖成賢，其弟子導致學風空疏誤國，心學的學者反思，明朝帝國的滅亡彌足警惕，遂回歸務實，乃棄空疏的王學而回歸朱子的實學。[1]

明朝末年，張居正社會改革失敗後，社會矛盾更加尖銳，社會危機更加嚴重，社會階級的市民階級與封建勢力新舊對立衝突；而沿海倭寇的騷擾擄掠和西方帝國主義的入侵，內憂外患交相迭起，農民憤而起義，市民運動士兵的譁變。明朝帝國

---

[1] 明清之際，朱子學在實學思想的深刻影響下，著重發揮朱熹思想中的實學理念。……大力提倡經世實用的主張。葛榮晉《中國實學思想史》中卷，頁 431。

在內憂外患的交相逼迫，危機四伏，大明江山岌岌可危，這是王學的空談心性和虛無主義的社會危機，罔論國民生計、國家財政。東林書院高倡「實學」，喚醒人民、讀書人，應負有保家衛國的責任，盡國民應盡的義務。關心家事、國事，覆巢之下無完卵，皮之不存，毛將焉附？葛榮晉教授認為明朝的覆亡的因素：（1）以明心見性為特徵的王學末流，由於它的空談心性和虛無主義本質，更加劇了這種社會危機。（2）在政治上，只知空談心性和虛無主義本質，國計民生，典章制度一概不論，造成天下無一辦事之官，廊廟無一可恃之臣。（3）在經濟上，鼓吹重義輕利之說，以理財治生為卑俗，造成無人理財、無人治生的局面。（4）在學術上，自文成〈劉基諡號〉而後，學者盛談玄虛，遍天下皆禪學。[2] 清黃景仁詩曰：「仙佛茫茫兩未成，只知獨夜不平鳴。十有九人勘白眼，百無一用是書生」〈雜感〉。有識之士，深感民不聊生，大明王朝即將天崩地裂，紛紛揭竿而起，痛定思痛，疑為王學弊害最深，顧憲成以為「以學術殺害天下後世」。高攀龍也指出：「姚江之弊，始也少聞見以明心耳，究而任心而疲學……認為嘉靖厥後，王學盛而朱學衰，朱義理之學輟而不講，學術於是大壞。人才何自而出，治道何得而治！」[3] 東林黨顧憲成、高攀龍的反對王學末流，而將明朝的滅亡歸諸於王學？陽明學術應是導致明朝更替的原因之一。縱觀歷史的改朝換代，仁政或興，暴政或亡，合久必

---

[2] 葛榮晉《中國實學思想史》中卷，頁 432。〈《劉子山先生年譜》卷 40 戴〉。

[3] 葛榮晉《中國實學思想史》中卷，頁 432。〈林希元《林次崖先生文集》，送張淨峰郡守提學浙江序〉。

分，分久必合，人心思變、向背，厥為自然現象。政治腐敗、經濟衰退、社會紊亂等，促成民心思變，內憂外患，交相逼迫，國之不亡也難矣。至於王學東傳日本，促成日本的明治維新、日本的大和民族受益於陽明學術的影響深遠，留傳久遠，又是如何界定？追根究底，應是王學末流弟子們的背離王陽明的哲學中心思想，導致空洞不切世用的疏離風氣，而歸罪於陽明的說詞。

十一、明末清初出類拔萃的
三大思想家

黃宗羲

　　字太冲，號南雷，學者稱梨洲先生。浙江餘姚人，生於明萬曆三十八年，卒於清康熙三十四年（1610-1695）。父黃尊素，東林名士，被魏忠賢所迫害。黃宗羲曾受學明末理學家劉宗周。清兵南下，劉宗周絕食而亡，浙江人民紛紛起而抗清，張肯堂等擁立魯王監國於紹興，黃宗羲乃糾集里中子弟數百人，號「世中營」，曾協助王守仁守錢塘江。師潰，黃宗羲入四明山（浙江省），參加結寨抗清。明亡後，黃宗羲居家從事著述。抱遺民之痛，懷復明之心，究實用之學，期他日可用，並於鄉里開課講學，厚植年輕弟子重氣節，以為報效國家。其時儒家思想走向世俗化運動，衝擊程朱理學在中國傳統思想體系中的地位，逮陽明學的心學創新與努力，依陸九淵而捨程朱，遂使心學開創新局，進而促使儒家思想具有生機與活力，而學生眾多，且陽明屢建奇功，名聲遠播。

　　黃宗羲思想之所出也。而黃氏著作《明夷待訪錄》，傳播愛國思想。功不可沒。他是當代傑出的思想家。

　　《明夷待訪錄》：意謂在亂世中等待明君的來訪。黃宗羲有關中國民本思想的萌芽的代表作，書中「明夷待訪錄」闡述

為君之道，在於「民貴君輕」的民本思想，「天下為主，君為客」，「為天下，非為君也；為萬民，非唯一姓也。」得孟子的遺緒，「天子之所是未必是，天子之所非未必非。有法治而有治人，必使治天下之具皆出於學校。」「必使治天下之具皆出於學校」有待斟酌。西方稱黃宗羲為中國自由主義之先驅。中國專制政治是一種病態表現，所以主張減少胥吏，以革新政治以改造社會風氣。《明夷待訪錄》列有「學校」一章，學校要析講時事時政，要明是非之理，「也要監督政府作為。以為學校可以領導學官，學校的權力大於官府。而提倡廣開言路，重視與論。學校參與議政的是非判斷，以為提倡民主的觀點。」此論雖今日世界各國採行民主政治，尚且不能實施，更何況明代的帝國王朝，更是不可能，只是黃宗羲的夢幻。評論的當。至於學貴實踐，經世致用，理論與實踐並重的教育觀念，則深受陽明「知行合一」的影響。

顧炎武

　　初名絳，字寧人，學者稱亭林先生。昆山人，生於明萬曆四十一年，卒於清康熙二十一年（1613-1682）享壽七十歲。清軍南下時，應志士楊永言之請，參加守吳江之役，在敵我兵力懸殊對比之下，遭遇挫敗，炎武與歸莊僅以身免，接著家鄉昆山亦被攻陷，嗣母王氏絕食身亡。臨終留下遺囑曰：「我雖婦人，受國恩，與國俱亡，義也。汝勿為異國臣子，無負世世國恩，無忘先祖遺訓，則吾可以瞑於地下。」《清儒學案卷六》。

¹顧炎武遭逢國破家亡劇烈的時代，又受到母親遺訓的感念，反清的意志更加堅定了。顧炎武認為華夷之防者在天下，康熙十七年（1678）清朝開設博學鴻詞科，炎武亦被網羅在列，寫信給在北京學生，以「刀繩俱在，無速我死」。表示決心，嚴峻拒絕。七十歲時，又有大臣薦舉，「以七十老翁，惟欠一死回應。」炎武的終身不事異族，高風亮節，歷百代而不衰，今人景仰而不移。顧氏「廉恥」一文，擲地有聲，其金句「士大夫之無恥，是謂國恥。」知識分子讀書所學何事？讀之而不動容、不汗顏者？斯為「無恥之恥無恥矣。」

　　顧炎武治學在於經世致用為主，著有《天下郡國利病書》，²但言民生利病。又有《日知錄》³，以為做人為學的基礎，要點在「博學於文及行己有恥」，乃針對當時社會風氣而發，用之於今日，振聾發聵，亦是世人切身的不二法則。又極力提倡樸學⁴以矯正清談不切實學的風氣。他說：「孰知今日之清談有甚於前代者。昔之清談，談老、莊，今之清談，談孔、孟，未

---

¹ 《清儒學案》卷六，〈亭林學案上〉。
² 《天下郡國利病書》：重點在於政事，分為兵防、賦稅、水利三部分，以講求郡國利並貫穿全書。梁啟超中國近三百年學術史稱中稱此書為「政治地理學」。。
³ 《日知錄》：顧炎武稽古有得，隨時札記類刺成書，四庫全書列入子部雜家類。內容涉及漢民族經始之詩文、訓詁名物、典章制度、天文、地理以及吏治雜事等。該書積30餘年經年累月、積金琢玉傳成學術札記。，乃成一編。取子夏之言，「日知其所亡（知新），月無忘其所能（溫故），可謂好學也已。」《論語·子張》名曰《日知錄》。以正後之君子。其書計32卷，內容廣泛，切合實用，上篇經術，中篇治道，下篇博物，有王者起，將以見諸行事，以躋斯世於治古之隆。
⁴ 樸學：清學別稱，漢古文學，清代指儒家學術，代表人物有黃宗羲、顧炎武；其後以吳派惠棟、皖派江永、戴震為代表，楊州學派皮錫瑞集大成。

得其精而已遺其粗，未究其本而先辭其末。……以明心見性之空言，代修己治人之實學。」[5]

　　宋明理學家空談「心理性命」，顧炎武倡經世致用之學，以樸學代替理學。竭力反對心性之說，認為程朱理學「百餘年以來為學者，往往喜言心性而茫乎不得其解也。」顧炎武治學倡多學而識，博學於文，行己有恥。君子之學，以明道救世，雕蟲篆刻，何善哉！

王夫之

　　字而農，號薑齋，湖南衡陽人。生於萬曆四十七年，卒於康熙三十一年（1619-1692）享壽 73 年。抗清失利，遂回家致力於學術研究，積極鼓勵人民復興儒家文化，忠君愛國情操。清人入關以後，與明朝遺民有著激戰的對抗，留頭不留髮，留髮不留頭。國破家亡，

　　慘不忍睹。晚年隱居於湘西的石船山，學者稱船山先生。著有「船山遺書」二百八十八卷。

　　船山先生在哲學的理論，別出心裁，創意的理氣一元論，他認為理依而生氣，氣者，理之依也，也就是思維不能離氣而存在，因此，天地間的萬物，都是氤氳運而化生，不斷的運動，不斷的變化而生存著，氣日新，理也日新，天下之務因乎物，物自有其理。由此略見王夫之乃從唯物論的觀點，建立了進化的歷史觀念，而就設會正常發展而言，時代的巨輪不斷的向前滾動，正常的社會的滾動都是向上提升，而且社會的除舊布

5　顧炎武《日知錄》卷七。

新，拋棄舊制，創造新制，這是符合社會人人的期望，但是唯物論起點是否能夠實現，有待商榷。

王夫之從物質一元論起首，批判宋明心學家天理人欲分離的說法。在人性論上，統一天理與人欲，禮雖是為理的節文，而必寓於人欲之上，故終不離人而別有天。終不離欲別有理也。所以他反對老莊、佛教的禁欲、絕欲，宋明理學的去人欲存天理。[6]

他的反禁欲主張，提倡不能離開人欲空談天理，因天理即在人欲之中。認為氣是唯一實體。但是對於反清復明的敵我的理念並不衰謝，民族復興的堅定理念，並不衝突。

以上敘論明末黃宗羲、顧炎武、王夫之傑出的大學問家，他們都是詩書滿腹，堅強的民族意識。反清復明的民族意識，但敵我兵力懸殊，至於兵敗國亡的結果。天命如此，奈何！奈何！「清風有意難留我，明月無心自照人」。曾國藩以為「博文約禮，命世獨立之君子。」而章太炎更推崇「當清之季，卓然能興起頑懦，以我光復之清者，獨賴而農一家而已。」

心學的結論：
明朝末年，王學衰頹，朱學再起

王陽明弟子姚江學派的鑽研心性空虛，不切實用，社會崇尚空談，百無一用是書生。朝廷無股肱之大臣，社會無務實的

6　陽明曰：「天地間活潑潑地，無非此理。無非此理，便是吾良知的流行不息。致良知便是必有事的功夫。此理非惟不可離，實亦不得而離也。無往而非道，無往而非功夫。《傳習錄校釋》，頁182。

氛圍，先有東林黨的揭諸「風聲雨聲讀書聲，聲聲入耳；家事國事天下事，事事關心。」號召讀書種子趨向務實，放棄王學末流的空疏誤國，恢復朱子務實切用的實學。[7]

　　張居正（1525-1582）於萬曆年間，曾為朝廷大臣，位高權重，官居內閣首輔大臣，知人善任，重用戚繼光等名將守邊務，治黃河，推行一條鞭法，改革稅收，屬行官吏考核制度。振興朝政，變更社會重義輕利的風氣，是為明朝政治家、改革家，也是實學風氣的朱子學術再起時刻。[8]然而王學雖沉寂一時，仍然淵源流長，影響深遠，及於世界其他國家，至於現代，猶是學術研究的重要典籍。「知行合一」猶是歷百代而不息的學術主流。[9]

---

[7] 清初朱子學的復興，實際上是對晚明王學的否定。他們以為要振興儒學就必須由王學向朱學轉化，並你一些調整。(中國實學恩想史頁447)

[8] 王陽明把封建道德觀念看作支配人們現實生活的先驗精神本體，而把主觀道德修養當作救世的良方，想用加強間個人封建道德修養的方法消融客觀世界的一切矛盾，以實現其天下一體之人的盛世幻想，這就是王陽明主觀道德說的社會歷史根源和思想根源。《 劉宗賢 蔡德貴著 陽明學與當代心儒學 中國人民大學出版社 2009年7月頁74》。

[9] 蔡仁厚《王陽明哲與在日本》被重視與提倡歸納，有三點：1.陽明學是直截，合於《易經》的「乾以是知，坤以簡能」符合日本人明快的性格。2.即知即行，合於日本勇往直前的習慣。3.王陽明的「知行合一」即知即行，做事效果極佳。(頁211)

下篇　王陽明的教育

十二、王陽明的教育思想及「四句教」的述評

　　縱觀古今中外的哲學家，幾乎和教育家劃上等號，凡是偉大的哲學家，都是偉大的教育家。孔子是中國史上最偉大的教育家，世稱「至聖先師」，提倡「有教無類」的主張，而君王治國欲化民成俗，必以教育為先。又如希臘的哲學家蘇格拉底提倡產婆法，又稱辯證法，他的知就是德，包括行在內，所以主張知行合一的哲學，蘇格拉底對於人生的觀察，分為肉體的生活和精神的生活，肉體是具體的感官的事物，終究會壞死；而精神是屬於概念，他是永恆不死不滅的概念。類似王陽明的知行合一的概念。更是實踐哲學主要部分。又如美國的哲學家杜威，主張教育即生活，個人的生活、生長及經驗是個人改造的歷程，它是輔助受教者使之成長、發展、改造經驗的活動。他的理想教育科目要適合兒童本身的活動，而二十世紀教學主流「做中學」與王陽明的知行合一理念相似。至於王陽明更是集哲學、軍事、教育於一身，其知行合一的哲學概念，破除宋

明以來的「無事袖手談心性，臨危一死報君王」[1] 讀書人的迷失。影響日本的明治維新，及於今日日本的現代化。所以王陽明的教育思想是值得關注與探究。而教師的責任是傳播聖人的修身為本，經由定、靜、安、慮、得的程序，以達成「在明明德，在親民，在止於知至善」的目標。

王陽明「四句教」述評

「四句教」的緣起「四有」與「四無」之說

明世宗嘉靖六年（1527 年）時王陽明五十六歲。奉命出兵討伐征思（思恩）、田（田州）前夕，與弟子錢緒山（德洪）王龍溪（汝中）二人[2]，論內聖成德之學，留下四句話作為教育宗旨，是所謂「四句教」。又稱「心學四訓」：無善無惡是心之體，有善有惡是意之動，知善知惡是良知，為善去惡是格物。「四句教」歷史性的記載，[3] 《陽明年譜》以及《王龍溪全集・卷一〈天泉證道記〉》。王陽明四句教的三次辯難及其詮釋義蘊楊旭磊。王龍溪（1498-1583）字汝中，別號龍溪，浙江紹興府山陰縣人。二十四歲入陽明門下為弟子，世宗嘉靖十一年（1532）科舉考試中進士，官至南京兵部職方郎中，嘉靖六年（1527）提出「四句教」為「四有說」，其時年三十歲，與錢德洪論辯

---

[1]　顏元《存學篇》卷一，〈學辨〉一。

[2]　王龍溪（1498-1583）字汝中，別號龍溪，浙江紹興府山陰縣人。二十四歲入陽明門下為弟子，世宗嘉靖十一年（1532）科舉考試中進士，官至南京兵部職方郎中，嘉靖六年（1527）提出「四句教」為「四無說」，其時年三十歲，與錢德洪論辯陽明「四句教」的真義。

[3]　蕭无陂《傳習錄校釋》下，頁 174。

陽明「四句教」的真義。

「四無」與「四有」之說

　　王汝中說：「此恐不是結論的引言。如果說心體是無善無惡、昭明靈覺的心，不可偏執。起心動念，心動而起意，心意相互連結，心善則意善，心動若過或不及，則意不善。心以良知為本體，良知乃是與生明覺善根，就具有知善知惡的辨識能力。物者，事也，見善則積極有為，見不善則必去之為快。」王畿與錢德洪意見不同：王畿認為四句教是師門立教對學生資質不同的教法，而非定本。若心體是無善無惡，其發用也是無善無惡，因此，心、意、知、物都是無善無惡，此即「四無說。」此為利根（資優）之教也。

　　錢德洪說：『心體是天命之性，原是無善無惡的。但人有習性，意念上有善有惡的存在，格致誠正修，此正是恢復那性體的工夫，此為「四有說」。此為中等資質的教育。如果心體原本無善無惡，功夫也不需要說了。當天晚上，德洪、汝中侍坐天泉橋，各舉請正。陽明說：「現在我即將出征遠行，正要你們來講你們的意見。你們的意見，正好相互為用，不可各執己見。」王龍溪稱此是師門為「天泉證道記」。王陽明接著說：「我在這裡接見有兩種人：利根（資優）之人，從本體悟入，就是功夫，人己內外，一齊都悟透了。其次不免保有習性之人，本體受到蒙蔽，所以在意念上教導落實為善去惡。功夫熟練以後，蒙蔽的東西完全除去的時候，本體也就明盡了。如中之見。二君彼此相互為用，則中人上下皆可引入於道。若各執一邊，

眼前便有失人，便於道體各有未盡。」接著說：「以後與朋友講學，切不可失了我的宗旨。」陽明認同孟子性善學說，但教學上因資質智慧不一，遂有教育層次的分別，「中人以上，可以語上也；中人以下，不可以語上也。」[4] 心、意、知、物皆無善無惡為「四無說」，為「利根之教」，王畿的主張；若心體無善無惡被後天習染，即有善有惡，必須恢復心體的明覺，存善去惡，遂有「四有說」，此為中等資質的人，此為錢德洪的觀點。王畿的「四無說」與錢德洪的「四有說」，各自分道揚鑣。

　　劉宗賢認為王陽明是從實踐道德的角度去接受，乃至批評朱熹的理念，王陽明不是強調做學問的途徑；他追求是個人身心修養成聖的境界。從心即理到知行合一，再進而到致良知，哲學理念在於心的體用，以實踐其致良知終極目標。王陽明的四句教乃於此而起，於此而止。[5]

牟宗三先生的觀點

　　陽明之心性本於孟子、中庸、易傳所說的超越的道德心性。此心知本體、性之自體、無善相無惡相，而渾然至善，所以說無善無惡心之體。無善無惡是陽明晚年集成四句時，就心之本體之絕對性、渾然統一性而說，其背景就是絕對的至善，渾然純一的至善，而且亦是對「有善有惡意之動」而反面說明。「知善知惡是良知」，知駕臨於意念之動以上而知道，知即為是非善惡之準則，是則是之，非則非之，善則好而認同它，惡

4　《論語·雍也》。
5　劉宗賢《陽明學與當代新儒學》，頁207。

則惡而化除它，良知是超越而絕對之至善，是一切是非善惡之標準，而其自身非如意念之動之有善相與有惡相的表現。故曰「心之本體元自不動」，又曰「定者心知本體、天理也」。「知是心的本體」，良知之天理無動相無靜相，亦可以說是「動而無動、靜而無靜、神也」，因良知是心亦是理，非純粹如此，「但理」也。良知本體（自體）無善相無惡相，而純然知善，寂寂惺惺，常自如如，非謂可以為惡也，亦非謂無所謂善惡而為中性無記了。[6] 陽明認同孟子性善的理念，當然主張性善。

四句教的詮釋 身的主宰便是心，心的所發便是意，意的所在便是知，知的所在便是物。劉宗賢認為王門四句教及天泉證道的言論，確實反映了陽明個人的思想，是陽明晚年致良知學說的純熟的境界，對良知從本體上的徹悟與認識。

無善無惡是心之體

意謂心的本體虛靈明覺，如明鏡光明瑩徹，隨感而應，妍媸自現，朱墨分明。如心存善念，則滿街皆為聖人，心存惡念，滿街皆為惡惡。所以程明道認為君子之學，莫若廓然大公，物來而順應。

陽明答陸原靜：「不思善不思惡時，認清本來面目。」[7]，

6　牟宗三《心體與性體》，頁 200。

7　「雖存乎人者，豈無仁義之心哉？其所以放其良心者，亦由斧斤之於木也，旦旦而伐之，可以為美乎？其日夜之所息，平旦之氣，其好惡與人相近也者幾希；則其旦晝之所為有梏亡之矣。梏之反覆，則其夜氣不足以存；夜氣不足以存，則其違禽獸不遠矣。人見其違禽獸也，而以為未嘗有才焉者，是豈人之情也哉？」《孟子‧告子上》。

此佛氏為未識本來面目的人設此方便。本來面目，即吾聖所謂良知。[8] 全集答徐成之，釋氏之說，亦自有同於吾儒，而不書其為異者，惟在於幾微毫忽之間而已，亦不必諱於其同，而遂不敢言；狃於其異，而遂不自己明察的事嗎？[9] 錢德洪說：心體是天命之性，原是無善無惡的，但人有習心，意念上見有善有惡在。心體就是與生俱有的良知，因後天環境的習染，轉化為意念，意念則有善有惡。所以「四有說」，悟本體，有人以為中根以下的人教育。

學問之道，求其放心而已

陸澄錄，或曰：「人皆有是心。心即理，何以有為善，有為不善？」先生曰：「惡人之心，失其本體。」[10] 陽明曰：「主一是專主一個天理。」一日，論為學功夫。陽明曰：「教人為學，不可執一偏。初學時心猿意馬，拴縛不定，其所思慮，多是人欲一邊，故且教之靜坐，息思慮。……無事時，將好色、好貨、好名等私，逐一追究，搜尋出來，定要拔去病根，永不復起，方始為快。」「常如貓之捉鼠，一眼看著，一耳聽著，才有一念萌動，即與克去，斬釘截鐵，不可姑容與他方便，不可窩藏，不可放他出路，方是真實用功，方能掃除廓清。」[11] 學問之道無他，求其放心而已，斯為正道。

---

[8] 孟子道性善，言必稱堯舜。《孟子·滕文公上》。
[9] 《王文成公全集》卷二十。
[10] 《傳習錄校釋》上，頁24。
[11] 《傳習錄校釋》上，頁26。

陽明曰：「心者，身之主也，而心之虛靈明覺，即所謂本然之良知也。」[12] 黃以方問，陽明嘗謂善惡只是一物。善惡兩端，如冰炭相反，如何謂只一物？先生曰：「至善者，心之本體。本體上才過當些子，便是惡了。卻又有一個惡來相對也。故善惡只是一物。先生的說法，應證程子主張善是本性，惡則不是本性。又說善惡皆天理。性非本惡，只是本性或過或不及之間罷了。程子亦可信。[13] 孟子提醒世人，盡其心，知其性，則知天。既知天而養性，以事天而立命，竭承天道，是良知的明覺。

良知乃善之源

心不是一塊肉，凡知覺處便是心，如耳目之知視聽，手足之知痛癢，此知覺便是心也。[14] 按心指心臟。心想，心指腦，腦主思想。

陽明答陸原靜：「良知只是一個良知，而善惡自辨，更有何善何惡可思？良知之體本自寧靜，今卻又添一個求寧靜；本自生生，今卻又添一個欲無生；非獨聖門致知之功不如此，雖佛氏之學亦未如此將迎意必也。只是一念良知，徹頭徹尾，無始無終，即事前念不滅，後念不生。今卻欲前念不滅，後念不生。今卻欲前念易滅，而後念不生，是佛氏所謂：斷滅種性，

---

12 《傳習錄校釋》中，頁 75。
13 《傳習錄校釋》下，頁 141。
14 《傳習錄校釋》下，頁 180。

入於槁木死灰之謂矣。[15] 陽明直言佛學的觀念的不當，佛家認為前念不滅，後念不生。就是斷滅種性，除卻良知，人的良知與生而有，若斷滅，則非人也。良知乃善心之源，人與禽獸，幾希矣。其可中斷乎？

良知的實踐

朱本斯[16] 問：「人有虛靈，方有良知。若草木瓦石之類，亦有良知否？」陽明曰：「人的良知，就是草木瓦石的良知。若草木瓦石無人的良知，不可以為草木瓦石矣[17] 因為天地萬物，與人原是一體，其發竅的最精處，是人心一點靈明，凡宇宙之間東西，不論是有生命或無生命，與人原是一體的。孟子說夜氣，只是為失其良心之人，指出個良心萌動處，使他從此培養將去。今已知得良知明白，常用致知之功，即已不需要說夜氣；卻是得兔後不去守兔，而仍去守株，兔將復失之矣。按《韓非子・五蠹》，宋人有耕田的農夫，田中有株樹，兔走，觸株折頸，而死。因釋其耒而守株，希望再得兔，兔不可復得，田荒，為宋國人笑。此論猶莊子外物篇，得魚而忘荃之說也。

陽明曰：良知自知，原是容易的；只是不能致那良知，便是知之匪艱，行之惟艱。[18] 知行合一，即為良知的實踐，並無

---

[15] 《傳習錄校釋》中，頁 102。
[16] 朱本思，名得之，號近齋，江蘇靖江人。《傳習錄校釋》下，頁 159。
[17] 《傳習錄校釋》下，頁 159。
[18] 《傳習錄校釋》下，頁 179。

難處。但行寡欲則近道了。「致良知」致就是為善去惡的改造
功夫。王畿認為「良知本順，致之則逆。……心體本正，無須
再正，良知自在；無須再致。」[19]

有善有惡是意之動

心是一個人的思想主宰，有思想而後有意念，有意念而後
有良知；有意念是指對事的感覺。

陽明曰：「身之主宰便是心，心之所發便是意，意之本體
便是知，意之所在便是物。」[20] 心體本身沒有善惡之相，但意
念發動時，牽動著個體氣質，遂有善惡之分化；氣若平順流暢
則意善，氣若乖隔不順則意惡。

陽明曰：「理一而已，以其理之凝聚而言，則謂之性；以
其凝聚之主宰而言，則謂之心；以其主宰之發動而言，則謂之
意；以其發動之明覺而言，則謂之知；以其明覺之感應而言，
則謂之物。……皆所謂窮理盡性也。」[21]「學之不明，皆由世
之儒者以理為外，以物為外，而不知義外之說，孟子蓋長辟之，
[22] 乃至襲陷其內而不覺，非亦有似是而難明者歟？不可不察
也！」[23] 學習格物而不明理，就是一搬儒者把理看作心外之

---

[19]　葛榮晉主編《中國實學思想史》中卷，頁348。
[20]　《傳習錄校釋》上，頁9。
[21]　《傳習錄校釋》中，頁114。
[22]　義外出自《孟子·告子上》，又〈公孫丑上〉未嘗知義，以其外之也義
　　外出自《孟子·告子上》，又〈公孫丑上〉未嘗知義，以其外之也。
[23]　凡執事一案今之辨王子者亦不過此數說，夫陽明之論明白詳盡如此而猶
　　以是譏之，何其頑。

理，把物看作心外之物，這是告子的義外之理，義外之說，孟子曾有駁辯的說明，但儒者仍然沿襲而陷溺其中而不自覺。這是似是而非而對格物不明事理的認知，是不能不加以明白的事理。

有是意即有是物，無是意即無是物

陽明曰：「其虛靈明覺之良知，應感而動者謂之意；有知而後有意，無知則無意矣。知非意之體乎？意之所用，必有其物，物即事也。如意用於事親、治民、讀書、聽訟為一物也。凡意之所用，無有無物者，有是意即有是物，無是意即無是物矣。物非意之用乎？」[24]個人因良知的感應，而感應的發生，是因事而起，若無事物則無意念，以此推論，意念為事物應用的根源了。

陽明答「上蔡」[25] 來函：「心之本體即是天理，天理只是一個，更有何可思慮得？天理原自寂然不動，原自感而遂通，學者用功，雖千思萬慮，只是要復他本來體用而已，不是以私意去安排思索出來。」故明道云：「君子之學，莫若廓然而大公，物來而順位。若以私意去安排思索，便是用智自私矣。何思何慮正是功夫。」[26]

陽明曰：「無心則無身，無身則無心。但指其充塞處言之

24　《傳習錄校釋》中，頁 75。
25　上蔡指謝良左，謝氏名良佐，學于程夫子昆弟之門，篤志力行，遊於諸公間，所見甚為超越。著《語錄三篇》。
26　《傳習錄校釋》中，頁 89。

謂之身，指其主宰處謂之心，指心之發動處謂之意，指意之靈明處謂之知，指意之涉著處謂之物：只是一件。意未有懸空的，必著事物，故欲誠意，則隨意所在某事而格之，去其人欲而歸於天理，則良知之在此事者，無蔽而得致矣。此便是誠意的功夫。」[27] 心若有誠意，則無事不成，所以欲求成事，則以誠到達，不誠，則無物矣。

　　李生龍先生研析曰：陳九川所記載陽明的身、心、意、知、物本是同一觀點，陽明〈答羅整庵少宰書〉有說：理，一而已。以其理之凝聚而言則謂之性，以其凝聚之主宰而言則謂之心，以其主宰之發動而言則謂之意，以其發動之明覺而言則謂之知，以其明覺之感應而言則謂之物。故就物而言謂之格，就知而言謂之致，就意而言謂之誠，就心而言謂之正。正者，正此也；誠者，誠此也；致者，致此也；格者，格此也。皆所謂窮理以盡性也。」[28] 按人人若有生命，經由心正、意誠、覺明、而達到理窮，遂使人人達到圓滿周正的理路。

知善知惡是良知

　　個人意念的萌動時，有善有惡；善的意念表現，是良知的明覺。惡的意念表現，是良知遭受蒙蔽而失去本心。陽明以為「知是心之本體，心自然會知：見父自然知孝，見兄自然知弟（悌），見孺子入井，自然知惻隱，此便是良知，不假外求。」[29]

27　《李生龍新譯傳習錄》，頁 393-394。蕭無陂《傳習錄校釋》下，頁 132。
28　同註 26。《傳習錄校釋》中，頁 89。
29　《傳習錄校釋》上，頁 9。

「知是行的主意，行是知的功夫；知是行之始，行是知之成。」[30]

照心即是良知

陸原靜來書云：「夫子昨以良知為照心。竊謂：良知，心之本體也；照心，人所用功，乃戒慎恐懼之心也，猶思也。而遂以戒慎恐懼為良知，何歟？能戒慎恐懼者，是良知也。」[31]

郡守南大吉以座主稱門生，然性豪曠，不拘小節。「先生與論學有悟，乃告先生曰：「大吉臨政多過，先生何無一言？」陽明曰：「何過？大吉歷數其事。」陽明曰：「吾言之矣。」大吉曰：「何日：吾不言，何以知之？」曰：「良知。」陽明曰：「良知非我常言而何？大吉笑謝而去。」[32]

李生龍先生評論「四句教」

李生龍有言：王畿說「若說意有善惡，畢竟心體還有善惡在」，實際上是從邏輯上向陽明的「四句教」提出質疑。因為「意」是從「心」上發出來的，如果脫離「心」去談「意」，則「意」沒有著落；相反地，「心」如果不能產生「意」〈包括「知」、「物」，則是一種純理念的存在。而且，即使是一種純理念的存在，只要它同「意」發生聯繫，兩者的性質就應該具有同一性，何況陽明還以「心」為「意」的本源。說「心」是

[30] 《傳習錄校釋》上，頁7。
[31] 《傳習錄校釋》中，頁99。
[32] 《傳習錄校釋》附錄，頁208-209。

無善無惡的，「意」卻是有善有惡的，在邏輯上顯然違反了同一律。[33] 德洪曰：「心體是天命之性，原是無善無惡的，但人有習心，意念上見有善有惡在。」（百度文庫‧高予遠）

為善去惡是格物

個人不欺騙自己的善心，善便存，惡便去，此為格物的真諦，真知的實務。

陳九川曰：「亦為宋儒徒知解上人，認識神為性體。故聞見日益，障道日深耳。今先生拈出良知二字，此古今人人真面目，更復奚疑？」先生曰：「然。譬之人有冒別姓墳墓為祖墳者，何以為辨？只得開壙，將子孫滴血，真偽無可逃矣。我此良知二字，實千古聖聖相傳一點滴骨血也。」[34] 今日 dna，藉著它可以驗證個人血緣的關係，尤其是違法亂紀的犯人，驗明正身，犯人只有俯首認罪，不得狡詐耍賴，協助法官的辦案，勿枉勿縱，判刑罰罪，做到社會正義的防患。

王陽明答顧東橋書：「區區論致知格物，正所以窮理，未嘗戒人窮理，使之深居端坐而一無所事也。若謂即物窮理，如前所云務外而遺內者，則有所不可耳。昏暗之士，果能隨事隨物精察此心之天理，以致其本然之良知，而遺棄倫理則雖愚必明，雖柔必強，大本立而達道行，九經之屬，可一以貫之而無疑矣，尚何患其無致用之實乎？彼頑空虛靜之徒，正惟不能隨事隨物精察此心之天理，以致其本然之良知，而遺棄倫理，寂

33　李生龍《新譯傳習錄》，頁 528。
34　《傳習錄校釋》上，頁 207-208。

滅虛無以為常，是以要之不可以治家國天下。孰謂聖人窮理盡性之學，而亦有是弊哉？」[35]

格致誠正所以窮理

陽明說：「窮理者，兼格致誠正而為功也，故言窮理，則格致誠正之功皆在其中；言格物，則必兼舉致知、誠意、正心，而後其功始備而密。今偏舉格物而遂謂之窮理，此所以專以窮理屬知，而謂格物未嘗有行，非惟不得格物之旨，并窮理之義而失之矣。此後世之學所以析知、行為先後兩截，日以支離決裂，而聖學益以殘晦者，其端始於此。」[36]

陽明又曰：「我言格物，自童子以至聖人，皆是此等工夫。但聖人格物，便更熟得些子，不消費力。如此格物，雖賣柴人亦是做得，雖公卿大夫至天子，皆是如此做。」[37]

格物致知，亦是因其所已知者推之，以及其所未知，只是一本，原無兩樣功夫也[38]

「去惡固是，格不正以歸於正，為善則不善格了，亦是格不正以歸於正也。如此，則吾心良知無私欲蔽了，得以致其極，而意之所發，好善去惡，無有不誠矣！誠意功夫，實下手處在格物也。若如此格物，人人便做得，人皆可以為堯舜，正在此也。」[39]

---

[35] 《傳習錄校釋》中，頁 75。
[36] 《傳習錄校釋》中，頁 76。
[37] 《傳習錄》下，〈黃以方錄〉，頁 178。
[38] 《傳習錄校釋》附錄二，〈答陳才卿〉，頁 22。
[39] 《傳習錄校釋》下，頁 177。

李生龍先生又評「四句教」

王畿以為「若說意有善惡，畢竟心體還有善惡在」，從邏輯上提問陽明先生「四句教」的質疑。因為意從心而起，意以心為根源，但陽明說心是無善無惡，而意卻是有善有惡，在邏輯上是自相矛盾。且認為王畿說是教「利根之人直從本源上悟入」的方法，而後又提出「中人」並不適用，則有避重就輕的疑難。[40]

「姚江學案」的總評有言「天泉問答」：「無善無惡者心之體，有善有惡意之動，知善知惡是良知，為善去惡是格物。」今之解者曰：「心體無善無惡是性，由是而發之為有善有惡之意，由是而有分別其善惡之知，由是而有為善所去惡之格物」。層層自內而之外，一切皆是粗機，則良知以落後者，非不慮知本然，故鄧定宇〈陽明弟子〉以為權論也。就事論事，陽明的「無善無惡是心之體，有善有惡是意之動」，清楚的認同錢德洪以「天命之性」來解釋「心體」，以「習心」來解釋「意」，其所持論是先天後天的不同，並不是動靜的問題。[41]

釋惟覺大師評述

「無善無惡是心之體」，無善無惡就是不起善惡念，也就是《中庸》裡所說「喜怒哀樂之未發」的這念心；心之體就是

---

[40] 《李生龍於新譯傳習錄》，頁 528-529。
[41] 黃宗羲《明儒學案》卷 10。

每一個人的源泉。「有善有惡是意之動」，在日常生活中不可能不起心、不動念，不論想好的、壞的念頭，都是心在作用。「知善知惡是良知」這個心起善念、惡念，自己一定要知道。最後「為善去惡事格物」徹底檢討、反省我們的心，起了惡念，馬上將它轉化；如果是善念，則保留它，擇善固執，這才是「格物」真正的意義。正如佛法「四正勤」中所說「已生善念令增長，未生善念令速生；已生惡念令滅除，未生惡念令不生。」時時刻刻返照自心，發長遠心，持續用功，就能突破再突破。最後不但惡念不起，善念也不執著，始終回歸到心之體，這就是悟。[42]

　。按王龍溪的四無說：無心之心則藏密，無意之意則應圓，無知之知則體寂，無物之物則用神。意謂若是心有相，則其藏不密；意亦有相，則其應不圓；知有相，則其體不寂；物有相，則其用不神。龍溪的說法，儒、釋、道三家所共有。若「從意之所在」說物，便須步步對治，而心、意、知、物亦必須分別予以省察與反照以對意與物而言，曰省察，對心與知而言，曰反照。如此，我們的心境自然落入有中，而不能一體而化。此便是「四有」句。若從明覺之感應說物，則良知明覺即是心之本體。明覺感應自無不適應；意從知起，自無善惡知兩歧，如此，明覺無所對治心、意、知、物一體而化，皆是如此呈現。此為「四無」句。」[43]「四無」句是先天之學，乃為上根（上智）立教；而「四有」句乃為後天之學，為下根（下愚）立教。若從教育治學觀點而言，陽明從「心即理」而「知行合一」，

---

[42] 《禪心世界》，頁 53。
[43] 蔡仁厚《王陽明哲學》，頁 121。

終於「致良知」的實踐道德理路，是條一步一腳印劍及履及的大道，達到目標，完成志向。致良知自天子以至公卿大夫及童子柴夫，人人都是這樣做的。

　　總之，陽明從實踐道德的角度，去接受及批評朱熹，切合個人身心的成聖體驗，格物只在個人身上，聖人人人可為，人人自己擔當。從心即理到知行合一，到致良知，

　　此為四句教的進程及主旨。[44] 縱觀各家評論，釋惟覺從佛學本務而言，說理清晰，不失佛心。劉宗賢的評述，言簡意賅，深得陽明四句教的宗旨。馬祖修行詩：「飯來吃飯倦來眠，只此修行玄更玄。說與世人渾不信，卻從身外覓神仙。」與唐高僧尋春不遇，捨近求遠，徒增困擾？有異曲同工之妙。

44　劉宗賢《陽明學與當代新儒學》，頁 207。

十三、王陽明教學目標與實現

　　五百年前的王陽明，其教學乃得自中國傳統的教學方式，教材乃依科舉考試的需要而選擇，「十年寒窗無人問，一舉成名天下知」。[1] 明朝高明《琵琶記・蔡公逼試》讀書只是為科舉考試而準備，除了背書以外還是背書，所以「熟讀唐詩三百首，不會吟詩也會湊」。縱觀歷代科舉考試內容方法雖有不同，但是私塾教育方法，鮮有變化，即 講述法。而科舉中式即為最重要的教學目標，也是學生努力的終極方向。孟郊[2]四十六歲考中進士，詩曰：「昔日齷齪不足嗟，今朝曠蕩思無涯。春風得意馬蹄疾，一日看盡長安花」。（登科後）晚年中式，道盡得意之狀，無以復加。王陽明是明代卓越的大教育家，就現代的教師角色、教學目標、教育原理、教學方法、輔導學生等項目探究王陽明的教學，莫不中規中矩，合乎現代的教育規範，所以其於心學名家遮掩，其於教育的貢獻，鮮少論述。今愚不揣鄙陋，為之著墨抒論，俾使陽明的教育事業，發揚光大，耳目一新。

教學目標的重要性

　　《禮記・學記》：「玉不琢，不成器；人不學，不知道。是

---

[1] 明朝高明琵琶記蔡公逼試。
[2] 孟郊（751-814）唐湖州武康（今浙江德清）人，字東野。唐貞元十二年（796）四十六歲，奉母命赴京科考，進士及第，賦詩「登科後」一首。與賈島齊名，有「郊寒島瘦」之稱。

故古之王者建國君民，教學為先。」古今中外都以教育是立國久遠的第一要素，教育的盛衰，與立國的時間長短成正比。教育事業不振，欲求國家長治久安，猶緣木求魚，終究不可得也。欲達到教學的績效，必須先行訂定課綱、教學目標，現在的學校教育，教學目標的完成，必須藉由教務與學務為學校主幹，附加總務、心理輔導等單位的協助，以及全校全體教職員工的齊頭並進，共同努力。才能創造登峰造極的教育績效，完成教學目標。而教學目標的訂定，是教師根據學習的原理原則，選擇適當的教材，採用合適的教學方法以及教學技巧，輔導學生做有效的學習過程。在這教學的過程中，至少包括四個主要的步驟：擬定教學目標，學前評量，教學程序及學後評量。[3]

教學目標>>學前評量>>教學程序>>學後評量

教學目標與教學的成敗

是教學過程中，預期達到的教學成果，所以教學目標是教師預定學生在經過教學歷程以後，鎖鑰學生學習達到的成果，對於教師與學生都有極其重要性。教師可以省察教學成果，學生是否達到既定的目標。藉此評估而後修正教學目標，修正或更改教學目標，經過處理而改善教學得以補救教學。

學前評量

學生是針對在授課之前的行為或成就水準，包括學生學前的成就水準、學習動機、智力、性向等項目，先行了覺；以為

---

[3] 蘇樂生、郭為藩著《教育心理學》，頁 11，中國行政科學出版社發行。

課程目標的設計，考察學生的起點行為（entering behavior）和終點行為（terminal behavior），增減教學目標的設計。

教學程序

教師根據教學目標與學生起點行為選擇適當教材，採用教學適當教學方法技巧，輔導學生學習活動，包括評量後的補救教學。也就是一般教學活動的林林種種。

學後評量

利用各種方法評量或判斷教學的成敗，以作為補救教學，如測驗、書面報告、口頭報告、才藝表演等等。若未達到既定的教學目標，則需有補救措施：如重訂教學目標、或學生起點行為不足、或教材重新選擇、或教學方法的改變等等。

王陽明的教學目標與實踐

明代王陽明是文治武功兼備的儒家知識分子，傳統私塾的教學，一位教師的包班制度，包班教學。王陽明是明代的大儒，德業兼修而具備內聖外王的崇高人格，認為聖人必可學而至。所以陽明遂以「致良知是聖人教人為第一義」為教學終極目標。曾經訪問婁諒[4]，以極力宣揚儒家憂國憂民社會責任，繼程朱理學大業，鼓吹避教佛老。「聖人述六經，只是要正人心，只是要存天理、去人欲。」[5]「正人心、存天理、去人欲三者」，遂為王陽明實現教學目標的方法。此為孔門家法，孟子云：「仲

---

[4]　婁諒見王陽明生平。
[5]　《傳習錄校釋》上，頁 13。

尼之門，無道桓文之事者，是以後世無述焉。」[6] 王陽明答徐愛問：「止至善之矣，為學三個層次曰：盡心、養性、知天，是生知安行事，是聖人工夫；存心、養性、事天，是學知利行事，是賢人的工夫；夭壽不貳、修身以俟，是困知勉行事，性向初學工夫。正德元年（1506）王陽明貶龍場驛，深悟格物致知之理，學有三大焉：心即理，知行合一，致良知，與教學目標不謀而合。[7] 錢德洪說：「先生之學凡三變，其為教也亦三變」[8]「教。少之時，馳騁於辭章；已而出入二氏；繼乃居夷外困，豁然有得于聖賢之旨；是三變而至道也。居貴陽時，首與學者為知行合一之說；自滁陽後，多教學者靜坐；江右以來，始單提致良知三字，直指本體，令學者言下有悟；是教亦三變也。」錢德洪〈刻文錄敘說〉[9]

6　孟子云「仲尼之門，無道桓文之事者，是以後世無述焉。」〈梁惠王上〉。
7　《教育心理學》，頁 16，中國行為科學社編輯小組，民國 64.2.25。
8　錢德洪說：「先生之學凡三變，其為教也亦三變」。
9　吳光主編《陽明學綜》，頁 2-3。

十四、王陽明的人格特質與教師角色

人格的定義

　　人格的定義眾說紛紜，古今中外，莫衷一是，由於立場不一，識見分歧，林林種種，各論其是，各論其非。有若戰國時代，諸子百家爭鳴，彼此大放厥辭，所以本文但從現代教育心理學角度，敘述王陽明先生的人格特質。

　　何謂人格？人格是個體的特質及行為傾向的統一體，通稱個性。它的起源來自拉丁 persona（面具），戲劇中演員所戴的面具，其表現劇中人物的腳色和身分地位。以面具旨意為人格，事實說明人既有表現於外給人印象的特點，也有某些內部不曾顯露部分，這些穩定而又異於他人的特質模式，使人的行為帶有一定的傾向，表現一個由內及外的，包括外在的身（行為）和內在的心（思想），構成真實個人的人格。

　　總之，人格是個體內在行為上的傾向個性，它表現個人在不斷變化中全體和綜合，是具有動力一致性和連續性的持久自我，是個人在社會化過程中給人特色身心組織。合體的人，持久的我，有特色的個人、社會化的個體。

培養成熟的情緒，造就正確的人生觀

　　一位優秀老師在教學過程中，必定具有高度的包容性
（threshold of tolerance），也就是耐力和毅力。面對聽課的學生，
資質程度不齊，興趣不一；聽課的態度不同，老師不能動氣，
只有激勵。學生蕭惠[1] 好仙、釋，陽明警之曰：「大抵二氏之學，
其妙與聖人只有毫釐之間。汝今所學，乃其土苴，輒自信自好
若此，真鴟鴞竊腐鼠耳。」惠請問二氏之妙，陽明曰：「汝不
問我悟的，只問我悔的。」惠慚謝。請問聖人之學。陽明曰：
「待汝辦個真要求為聖人的心與汝說。」再三請。先生曰：「已
與汝一句道盡，汝尚自不會。」[2] 陽明的答問，認為蕭惠提問
不得要領，但問仙釋二氏，乃陽明後悔之學，與陽明領悟聖人
之學相去甚遠。若孔子教學「舉一隅而不以三隅反，則不復也」
雷同。學生的發問，宜契合問題，以免離題不得要旨。陽明是
成熟情緒的老師。表現在教學的熱心、耐心、恆心、誠心、愛
心等，人格成熟，情緒穩定，獲得學生的尊敬，教學績效卓著。
個人曾經任教國中實驗班，將全校好玩不讀書的男學生聚集在
一個班級，俗稱頭上長角牛頭馬面的頑劣學生，好動不能安靜
身材孔武鬥狠的班級。當第一天第一節走到教室門口，只聽到
全班身體最矮小的班長大聲喊著：「這堂課不准吵鬧。」他們
規規矩矩安安靜靜上課，我感到意外，只因為班上身為學校校
隊的同學，平常曾經在課餘時間，和我一起打球罷了。而《吾

---

[1]　蕭惠，陽明學生，生平不詳。
[2]　《傳習錄校釋》上，頁 61。

愛吾師》（To sir with love）的電影活生生的在我的面前映現著。

喜歡學生了解學生

「一日為師，終身為父。」教學是老師的終身事業，面對不同的學生，所以老師必然喜歡學生，接觸學生，親近學生，照顧學生，了解學生，體貼學生，視學生如同家人。老師的真誠關心與付出，師恩浩蕩如海深，學生報恩如山高。王陽明是明朝教育家，以誠待學生，在傳習錄的字裏行間，屢見不鮮。〈答顧東橋書〉來書云：「近時學者務外遺內，薄而寡要，故先生特倡誠意一義，針砭膏肓，誠大惠也。……若誠意之說，自是聖門教人用功第一義。……非鄙人所能特倡也。」[3] 由至誠就自然明白善道，這是天賦的本性；由明白善道而達到至誠，就是人為的教化。能做到至誠就能明白善道，能明白善道就能做到至誠。做到至誠，就是不欺不惘的君子人了。

癸未春，[4] 鄒謙之[5] 來越同學。居數日，先生送別於浮峰[6] 是夕，與希淵[7] 諸友移舟延壽寺，秉燭夜坐，先生慨悵不已，曰：

---

[3] 《傳習錄校釋》中，頁66。

[4] 癸未春（1522），明世宗朱厚熜，年號嘉靖（1522-1566）。

[5] 鄒謙之（1491-1562），名守益，號東廓，江西福安人。正德六年（1512）探花及第，官南京國子監祭酒。王陽明學生，曾講學於贛州，以居敬、戒懼為致良知宗旨，建龍津書院。助王陽明平定宸豪之亂。著東廓鄒先生文集。

[6] 浮峰，即浮丘峰。為黃山三十峰之一，海拔1683公尺。傳說軒轅黃帝曾領群臣在此煉丹。

[7] 希淵，姓伍，字孟賢，（1437？）。江西吉安府安遠縣人。天順八年（1646）

「江濤烟柳，故人倏在百里外矣！」一友問曰：「先生何念謙之之深也？」先生曰：「曾子所謂以能問於不能，以多問於寡，有若無，實若虛，犯而不校，若謙之者，良近之矣！」[8] 陽明藉用論語「泰伯篇」曾子讚美顏回的美德，說明顏回能虛己以待人。陽明以為學生鄒謙之能謙虛以待人，也是至誠的表現，鼓勵學生做人應有的美德。

　　得陳九川（惟濬）書[9]，「見近來所學之驟進，喜慰不可言。諦視數過，其間雖亦有一二未瑩徹處，卻是致良知之功尚未純熟，到純熟時，至此矣。譬之驅車，既以由於康莊大道之中，或時橫斜迂曲者，乃馬性未調，銜勒不齊之故，然已只在康莊大道中，決不賺人傍西曲徑矣。近時海內同志到此地為者，曾不多見。喜慰不可言，斯道之幸也！」[10] 陽明認為良知是人人與生就具有的，不假外求的。直接來源於孟子：「人之所不學而能者，其良能也；所不慮而知者，其良知也。」[11]陽明認為學生陳九川已得「知行合一」之理，然未能圓滿而已。

　　愛曰：「聖人作經，只是要去人欲，存天理。如五伯（霸）以下事，聖人不欲詳以示人，則誠然矣。治如堯、舜以前事，如何略不少見？」先生曰：「羲、黃之世」，[12] 其事闊疏，傳之者鮮矣。此亦可以想見，其時全是淳龐樸素，略無文彩的氣象。

甲申科進士登科金榜。
[8]　《傳習錄校釋下，頁 173》。
[9]　陳九川（惟濬）生平不詳。生病時，陽明曾以馬祖修行詩勉之。詩曰：「飯來吃飯倦來眠，只此修行玄更玄。說與世人渾不信，卻從身外覓神仙。」。
[10]　《傳習錄校釋》中，頁 122。
[11]　《孟子·盡心上》。
[12]　「羲、黃之世」伏羲、黃帝的時代，喻古老的年代。

此便是太古之治，非後世可及。[13]

良好的學識素養

　　為人師表的老師，最基本的條件，就是豐富的學識，除了精通授課本科教材之外，還有生活常識，以及課程外部的連結，心理的輔導，人生的閱歷等等。講課論道，入耳動心，娓娓敘述，引人入勝。為了改善教學品質，教具的使用，教材的選擇，教法的運用，電氣化設備、視訊傳播等都能準備充足，俾使教學得心應手；因此，教學相長，不可荒廢，才是優秀老師應有的作為。

　　一日，論為學功夫。先生曰：「教人為學，不可執一偏。初學時心猿意馬，拴縛不定，其所思慮，多是人欲一邊，故且教之靜坐，息思慮。久之，俟其心意稍定，如槁木死灰，亦無用，須教他省察克治。省察克治之功，則無時而可間。如去盜賊，須有個掃除廓清之意。無事時，將好色、好貨、好名等私慾，逐一追究，搜尋出來，定尋出來，定要拔去病根，永不復起，方始為快。常如貓之捕鼠，一眼看著，一耳聽著，才有一念萌動，即與克去，斬釘截鐵，不可姑容與他方便，不可窩藏，不可放他出路，方是真實用功，方能掃除廓清。」[14]

　　「不可執一偏」「執一偏」猶現代教學的專業教育，「不可爾執一偏」即為通識課程。陽明主張讀書宜求格物之學，自始至終學為聖人。而正心誠意、致知格物，皆可以修身。誠正窮

---

[13]　《傳習錄校釋》上，頁 14。
[14]　《傳習錄校釋》上，頁 25-26。

理，天下無性外之理、性外之物，學之不明也。

蕭惠好仙釋。陽明警之曰：謂儒者不足學，其後居夷三載，見得聖人之學，若是其簡易廣大，始自嘆悔錯，用了二十年，氣力大抵二氏之學，其廟與聖人只有毫釐之間。汝今所學乃其土苴輒自信自妙。若此真鴟鴞竊腐鼠耳。二氏之學即佛道之學，蹉跎二十年，徒費時間，才悔悟轉而專注儒家聖王之學。

治學根本在心，學孔子

孔子是儒家始祖，萬世師表，人間無孔子，萬世如長夜。孔子治學的氣魄極大，凡帝王事業，無不一一理會，也只從那心上來。譬如大樹，有許多枝葉，也只是根本上用得培養功夫，故自然能如此，非是從枝葉上用功，做得根本也。學者學孔子，不在心上用功，汲汲然去學那氣魄，卻倒做了。

陽明認為心者，身之主也。心即道，道即天。知心則知道知天。性，一而已。自其形體也，謂之天；主宰也，謂之帝；流行也，謂之命；賦於人也，謂之性；主於身也，謂之心。陽明心即理的思想，是受陸九淵的影響深遠。[15]

「陽明所說的心，是指那能使人視聽言動的東西。這東西陽明稱之為「性」，「天理」，意謂此乃人自然就有的天然的屬性。」它是生命的根源，也是人性的根源。「陽明稱它為「知覺」。與我們所稱的「知覺」，意義不同，我們的知覺是主體反映客觀事物整體形象和表面聯繫的心理過程；陽明的「知覺」，是指主體對客體的感知能力，以及對事物性質的判斷能力，以

---

[15] 李生龍《新譯傳習錄》，頁 12。

及對自我行為的選擇、決定能力。」[16]

　　陽明不信佛道二氏，亦不滿於朱熹，以為彼皆以心理為二。[17] 背棄儒家孔子聖人之大業，乃大聲疾呼。謂：「道，天下之公道也；學，天下之公學也。非朱子可得而私，不敢以為是也，非孔子可得而私也。」[18]「學貴得於心，求之於心而非也，雖其言之出於孔子，不敢以為是也，而況其未及孔子者乎？求之於心而是也，雖其言之出於庸常，不敢以為非也，而況其出於孔子者乎。[19]

　　良知一個而已。陽明勉勵學生只要去培養良知，良知同，更不妨有異處。若不用功，連竹筍都不曾抽出來，如何談論枝節？至於良知的功夫只在自己，不去責求他人，才能得到克諧。事非經過不知難，良知功夫也得自己經驗，才能得到許多含辛茹苦的痛處。

　　陽明說：「孔子無不知而作，顏子有不善未嘗不知，此是聖學真血脈路。孔子沒有不知其理而妄作，也就是實事求是，不憑空而臆度。而顏回自律嚴謹，重視自我反省。至聖的孔子，復聖的顏子，陽明以為作事典範，一脈相傳。」[20]陽明：「心之良知是謂聖。聖人之學，惟是致此良知而已。……愚不肖者，雖其蔽昧之極，良知又未嘗不存也。苟能致之，即與聖人無異矣。此良知所以為聖愚之所同具，而人皆可以為堯舜者，以此也。」[21] 學記：「凡學之道，嚴師為難。師嚴然後道尊，道尊

16　李生龍《新譯傳習錄》，頁9。
17　《傳習錄校釋》附錄二，〈朱子晚年定論〉，頁212。
18　《傳習錄校釋》中，頁116。
19　《傳習錄校釋》中，頁113。
20　李生龍《新譯傳習錄》頁462。
21　《王陽明全書》卷八，〈書魏師孟卷〉。

然後民知敬學。」《禮記》卷十八，學生對老師中心的尊敬，是善學的學生，則師逸而功倍，又從而庸之。不善學者，師勤而功半，又從而怨之。由此觀之，「師嚴」是學生學習的基本態度。

道德的培養在仁義

「一日，市中哄而訹，甲曰：「爾無天理。乙曰：爾無天理。甲曰：爾欺心。乙曰：爾欺心。」陽明聞之，呼弟子，曰：「聽之。夫夫哼哼講學也。」弟子曰：「訹也，焉學？曰：汝不聞乎？曰，天理，曰心，非講學而何？」曰：「既學矣，焉訹？」曰：「夫夫也，惟知責諸人，不知及諸己故也。」[22] 文中學生認為甲乙兩人互相叫罵，不是講學而是相互責備對方的不是，但知責求他人，不知自我內省自我責求。學生的觀察及於表象，陽明的觀察深入及於真相，這是陽明的機會教育，也是陽明內省自我覺醒的（類化）人格。陽明答顧東橋書：「學校之中，惟以成德惟事；而才能之異，或有長於禮樂，長於政教，長於水土播植者，則就其成德，而因使益精其能於學校之中。迨夫舉德而任，則使之終身居其職而不易。用之者惟知同心一德，以共安天下之民，視才之稱否，而不以崇卑為輕重，勞逸為美惡；效用者亦惟知同心一德，以共安天下之民，苟當其能，則終身處於煩劇而不以為勞，安於卑瑣而不以為賤。」[23] 學校教育，以成德教育為優先，才能次之；至於任職做事，

22　《傳習錄校釋》拾遺，頁 194。
23　《傳習錄校釋》中，頁 85。

以品德優劣為首要條件，舉德而任，適才而用，不以職位高低為考量，勞逸為好壞，適任為準則。

陽明曰：昔者孔子在陳思魯之狂士。子曰：「不得中行而與之，必也狂狷乎！狂者進取，狷者有所不為。」[24] 而今，陽明亦如孔子一樣，思得狂狷之士而與之乎？

富有高度的幽默感

教學過程中，教室秩序的管理，厥為重要。不是寂靜無聲就是好，若能有腦力激盪，師生對話，相互溝通，夾雜著笑聲、激辯，歡樂的氣氛中學習，可以提高學習興趣，增進學習效率。富有幽默感的老師教學，總是普遍受到學生的歡迎。

劉觀時問：「未發之中是如何？」先生曰：「汝但戒慎不睹，恐懼不聞，養得此心純是天理，便自然見。」觀時請略示氣象。先生曰：「啞子吃苦瓜，與你說不得。你要知此苦，還須你自吃。」時曰仁在旁曰：「如此才是真知。即是行矣。」一時在座諸友皆有省。[25] 未發之中就是心的本體，也就是良知。陽明但藉「啞子吃苦瓜，與你說不得。」幽默的回答，機鋒側出，舉一反三，令學生腦力激盪，以為悟道的教學方法。

純熟的教學技巧

教學的方式多樣化，或講述法、問答法 、分組討論法、

24　《論語‧子路》。
25　《傳習錄校釋》上，頁 62。

視聽教材的運用等，教室座位可視需要而改變。副學習是教學
過程中學生的發言技巧、說話的禮儀，培養合作的榮譽感。

　　王汝中、黃省曾侍坐。先生握扇命曰：「你們用扇。」省
曾起對曰：「不敢。」先生曰：「聖人之學，不是這等捆縛苦楚
的，不是裝作道學的模樣。」汝中曰：「觀仲尼與曾點言志一
章略見。」先生曰：「然。以此章觀之，聖人何等寬洪，包含
氣象！且為師者問志於群弟子，三子皆整頓以對，至於曾點，
飄飄然不看那三人在眼，自去鼓起瑟來，何等狂態。及至言志，
又不對師之問目，都是狂言。設在伊川，或斥罵起來了。聖人
乃復稱許他，何等氣象！聖人教人，不是個束縛他通做一般，
指如狂者便從狂處成就他，狷者便從狷處成就他。人之才氣如
何同得？」成功的教學方法，除慎重選擇教材，適合學生程度，
引發學習興趣，而激發學生另類思考，才是得英才而教育之教
學活動。孟子曰：「君子有三樂，而王天下不與存焉。父母俱
存，兄弟無故，一樂也；仰不愧於天，俯不怍於人，二樂也；
得天下英才而教育之，三樂也。君子有三樂，而王天下不與存
焉。」[26] 陽明時代以書信回答學生的提問，就是當今的手機的
簡訊、傳真 Line，促進師生的溝通與交流。

激發愛國愛家的理念

　　教育是立國之本，國家的盛衰，民族的存亡，家庭的興滅，

26　《孟子‧盡心上》孟子曰：「君子有三樂，而王天下不與存焉。父母俱
　　存，兄弟無故，一樂也；仰不愧於天，俯不怍於人，二樂也；得天下英
　　才而教育之，三樂也。君子有三樂，而王天下不與存焉。」教師得教學
　　相長之樂，學生享受如沐春風之趣。

其中國家保護人民，因為覆巢之下無完卵，沒有國，哪有家？體之不存毛將焉附？而民族是文化的根源，保存固有文化，延續民族生存，至於家庭是家人的避風港，是個體的保護傘，沒有家，就失去我們的溫暖的家庭生活。是以國家民族個人莫不與教育息息相關。所以老師的上課過程裡，利用機會教育穿插在講課中，俾使學生吸收知道國家、民族、家庭與個人的密切關係，因而愛國家、愛民族、愛家人是天經地義的大事。明末清初顧炎武「廉恥」一文，提出耳提面命的叮嚀，士大夫的無恥，是謂「國恥」。一語驚醒多少夢中人？

　　愛問：「至善只求諸心，恐於天下事理有不能盡。」陽明曰：「心即理也。天下又有心外之事、心外之理乎？」愛曰：「如事父之孝，事君之忠，交友之信，治民之仁，其間有許多理在，恐亦不可不察。」陽明嘆曰：「此說之蔽久矣，豈一語所能悟！今姑就所問者言之：且如事父，不曾去父上求個孝的理？事君，不曾去君上求個忠的理？交友治民，不曾去友上、民上求個信與仁的理？都只在此心，心即理也。此心無私欲之蔽，即是天理，不須外面添一分。以此純乎天理之心，發之事父便是孝，發之事君便是忠，發之交友治民便是信與仁。只在此心去人欲、存天理上用功便是。」[27]

　　我們的心能夠將視聽言動的規律，做到中規中矩，愛國、愛家、友信、仁政，無私無蔽，俯仰無愧，是惟去人欲存天裡的實踐。世人有感動嗎？

---

[27] 《傳習錄校釋》上，頁4。

十五、王陽明的教學態度

有教無類的教育

「自行束脩以上，吾未嘗無誨焉！」[1] 孔子說：凡是能自動送上敬師薄禮的人，我沒有不教誨他的。孔子不是愛收禮物的人，而是知禮的人，就願意教誨他。

子貢欲去告朔[2] 之餼羊。子曰：「爾愛其羊，吾愛其禮。」[3] 所以孔子對子貢說：「你愛惜祭祀的羊，我卻愛惜祭典禮制。」子貢從經濟理念上說，而孔子是從文

化傳承上立論；師生認知的角度不一，並不衝突。

孟子有言，「君子之所以教者五：有如時雨化之者，有成德者，有達財（材）者，有答問者，有私淑艾者。此五者，君子之所以教也。」[4] 君子用來教育人的有五種方法：一種是像及時的雨水化育草木生長一樣，就學生的需要給予適時的教導，時雨化之，也就是「隨機教育」；一種是品德提升的教導，促使學生個人在德行的成長，品德教育；一種是依據學生的性向，發揮個人的學習才能，造就智慧的潛能，因材施教；一種是解答學生的疑惑，增長見識，知識教育；一種是未能就學，

---

[1] 《論語·述而》。
[2] 「告朔」每月初一。
[3] 《論語·八佾》。
[4] 《孟子·盡心上》。

但私下拾取老師的優點，改善自己的缺失，潛移默化。以上五種都是老師教誨學生的好方法。如果老師欲實現孟子教育學生的五種方法，必須接觸學生，了解學生，關心學生，疼愛學生；才能針對學生的需要，適時的指導學生，才能做到教學相長，春風化雨，享受教學的樂趣。

論語記載著互鄉不易溝通的地方，有一個小孩子求見，孔子居然接見他，學生們感到疑惑不解。孔子說：「我贊成他的潔身自好，一個人能修身自省，「孰能無過，過而能改，善莫大焉」[5]。這是誨人不倦的教育家精神。孔子學生有三千多人，其中著名的學生有七十二人。所以是偉大的教育工作者，世人敬稱「至聖先師」。

錢德洪嘗見先生送二三耆宿出門，退坐於中軒，若有憂色。德洪趨進請問，先生曰：「頃與諸老論及此學，真圓鑿方枘。……德洪退謂朋友：先生誨人不擇衰朽，仁人憫物之心。」[6] 這是陽明先生繼承「孔子有教無類」的教育。

坦誠無私的教育理念

子曰：「二三子以我為隱乎？吾無隱乎爾！吾無行爾而不與二三子者，是丘也。[7] 陳亢問於伯魚，子亦有異聞乎？對曰：「未也。嘗獨立，鯉趨而過庭。……陳亢喜曰：問一得三：聞

---

[5]　《論語・述而》。
[6]　《傳習錄校釋》下，頁186。
[7]　《論語・述而》。

詩、聞禮，又聞君子遠其子。」⁸ 這是孔子無隱無私的教育。

　　王陽明曾說自己貶官龍場驛時，「夷人言語不通，與中土亡命之徒雖可言，但論及知行之說，更無抽格（抽空）。久之，及與士大夫論知行，意見多歧異。」得到結論：做學問最怕有意見的人，只怕聞見不多。良知聞見益多，覆蔽益重。⁹ 反而不曾讀書的人，容易溝通。盡信書，不如無書。就今日教育理念觀之，學問愈辯愈明。孔子的教育無私無偏、無私藏。凡從事教育為職志者，不可不以此為職志，「誠」是聖人教學的第一要義。現代的世界的國家，大多是實施民主制度，國家的教育普及，國民有受教育的權利，也是義務，而老師的教育授課，不因學生的家庭貧富、智慧高低都是一律實施愛的教育，學習孔子的有教無類的平等教育。

舉一反三的激勵教育

　　子曰：「不憤不啟，不悱不發；舉一隅不以三隅反，則不復也。」¹⁰ 孔子教導學生，重視學生的主動的思考學習。認為學生學習過程中，不是有求通而未通的情況，就不開導他。學生學習過程中有想發問，卻不能通達說明，就不啟發他。舉例而言，一個正四方型的器物，已經知道一個角，就能推論其他三個角。如果不能如此，就不再教導他了。舉一反三的思考教學，主動學習厥為現在學生最需要的學習能量。所以孔子強調

8　《論語‧季氏》。
9　《傳習錄校釋》拾遺，頁 197。
10　《論語‧述而》。

觸類旁通的思考教學，「學而不思則罔，思而不學則殆」[11] 的告誡，確實是教學不可或缺的教學方法。激勵學生主動積極學習的態度，也是課前預習的功夫。課前成功的預習，促使學生學習成功的資產。〈學記〉云：「學，然後知不足；教，然後知困。知不足，然後能自反也；知困，然後能自強也。」故曰「教學相長」。

　　德洪攜二弟德周、仲實讀書城南。洪父心漁翁往視之。家君曰：「固知心學可以觸類而通，然朱說亦需理會否？」二子曰：「以吾良知求晦翁之說，譬之打蛇得七寸矣。又何憂得耶？家君疑而進問陽明先生。」陽明曰：「豈特無妨，乃大益耳。學聖賢者，譬如治家。家裡所有器物與客人共享，宴客用完餐點了，客人離去，器物具在，還以自享。」[12] 陽明以家裡器物比喻良知學說，宴客比喻朱子學說，良知為治學的根本，為治學重點，以此觸類旁通，有何不可？薛侃問：「上智下愚，如何不可移？」陽明曰：「不是不可移，只是不肯移。」[13] 陽明認為人皆有是心，皆有是理；無論上智與下愚，都能夠觸類旁通。「不可移」是錯誤的迷惘，「不肯移」才是不肯學習的最大障礙。

以仁教天下恢復人之本性

　　子貢問為仁。子曰：「公欲善其事，必先利其器。居是邦

---

[11] 《論語・為政》。
[12] 《傳習錄校釋》附錄一，頁 210。
[13] 《傳習錄校釋》上，頁 53。

也，事其大夫之賢者，友其士之仁者。」[14]

　　陽明曰：「夫聖人之心，以天地萬物為一體，其視天下之人，無外內遠近，凡有血氣，皆其昆弟赤子之親，莫不欲安全而教養之，以遂其萬物之念。天下之人心，其始蔽，大者以小，通者以塞，人各有心，至有視其父、子、兄、弟如仇讎者。聖人有憂之，是以推其天地萬物一體之仁，以教天下，使之皆有以克其私，去其蔽，以復其心體之同然。」[15] 陽明開宗明義以為普天之下，人的本質與生俱有，而人心亦相同，凡是遂有人心不同，各如其面。聖人憂之，以教天下，欲克其私、去其蔽，以復人人之本性，斯為教育之宗旨。孔子曰：「志士仁人，無求生以害仁，有殺身以成仁。」[16] 孔子又曰：「君子道者三，我無能焉：仁者不憂，知者不惑，勇者不懼。」[17] 君子的三達德，以仁德最難做到。若欲求實現仁德，「孝悌」，其為仁之本與？只有志士仁人、剛毅木訥者，處於造次、顛沛而不背離仁德；更有殺身成仁壯烈成仁的果勇。而巧言令色與不仁者，不能克伐怨欲，可以為難矣，仁，吾不知也。這是孔子對於仁德不輕易許諾的見解。

王陽明教育之大端與節目

　　教育的大端，則堯、舜、禹的儒家聖王相互授受，所謂「人

---

[14] 《論語·衛靈公》。
[15] 《傳習錄校釋》中，頁84。
[16] 《論語·衛靈公》。
[17] 《論語·憲問》。

心惟危，道心惟微，惟精惟一，允執厥中。」[18] 這是教育的目標。而其實施的課目，則舜之命契，所謂父子有親，君臣有義，夫婦有別，長幼有序，朋友有信，五倫而已。唐、虞、夏三代，教師只用「五倫」教授，而學者只學習「五倫」。「當時，人無異見，家無異習，安此者謂之聖。勉此者謂之賢，而背此者，雖其啟明如朱，亦謂之不肖。」[19]

下至閭井田野，農工商賈之賤，莫不皆有是學，而只是以品德教育最重要，為什麼？「無有聞見之雜，記誦之煩，辭章之靡濫，功利之馳逐，而但使孝其親，弟（悌）其長，信其朋友，以復其心體之同然。」[20] 因為人性本善，與生俱有的良知，哪麼孝順父母、友愛兄弟、信守朋友施教的重點，以聖人堯舜的道統為綱領，以道心惟微，人心惟危，惟精惟一，允執厥中為目標。至於父子、君臣、夫婦、長幼、朋友五倫為施教內容。俾使人人復其固有良知的善性。

生民之初，年代久遠，洪荒不明，史載闕如。有以神話視之，以為傳說故事而已。爬梳中國古書，但得隻字片語，有關儒家聖王的記載。

孟子曰：「由堯、舜至於湯，五百有餘歲，若禹、皋陶則見而知之，若湯則聞而知之。由湯至於文王，五百有餘歲，若伊尹、萊朱則見而知之，若文王則聞而知之。……」由此得知

---

[18] 「人心惟危，道心惟微，惟精惟一，允執厥中。」語出《尚書·大禹謨》。相傳是儒家聖賢十六字心傳大法。

[19] 「啟明如朱」，語出《尚書·堯典》帝曰：「疇咨若時登庸？」放齊曰：「胤子朱啟明。」帝曰：「吁！器松可乎？」《孟子·萬張上》。

[20] 《傳習錄校釋》中，頁84。

儒家推崇三代的聖王，皆以德服人。[21]

　　歷史是一面鏡子，堯舜能以明明德，以身作則，推己及人，深得民心，安邦定國；桀紂施行暴政，縱慾虐民，……堯封於唐故稱唐堯。德高望重，萬民歸心。

　　史記：「堯帝其仁如天，其知如神，就之如日，望之如雲。明馴德，親九族。命鯀治水，九年不成。有道智者擊壤：日出而作，日入而息，鑿井而飲，耕田而食，帝力於我何有哉！」堯子丹朱不賢，遂讓位於歷山耕田的大舜。堯有廟於臨汾市[22]，其廟一鳳九天，四鳳齊鳴，稱五鳳樓

　　《大學》有云：「一家仁，一國興仁；一家讓，一國興讓；一人貪戾，一國作亂。奇蹟如此，此謂一言僨事，一人定國。堯舜帥天下以仁，而民從之；桀紂帥天下以暴，而民從之。」〈釋齊家治國〉

　　瞽叟與象，設計害舜，一則命舜入廢井，淘除雜物；乘機從井口填土，欲置舜於死地。舜乘機從其他通道逃生，安然無恙。二則命舜上農舍，修整屋頂，象乃乘機移開樓梯，縱火焚舍，欲藉此燒死大舜。舜機智逃生，矯捷身手，藉著屋旁的大樹離開火場。三則酷寒冬日，令舜著夾衣，夾衣襯裡填充草料，舜但忍受寒天逼迫。象穿保暖棉袍，相去甚遠。史書有「父頑母嚚」的記載。大舜的孝順父母，友愛兄弟，家庭倫理齊備。堯子商均不肖，且將女兒娥皇、女英下嫁於舜。遂傳位於舜，

---

[21]　堯以是傳之禹，禹以是傳之湯，湯以是傳之文武周公，文武周公傳之孔子，孔子傳之孟軻；軻之死，不得其傳焉。《韓昌黎全集》第十一卷，〈原道〉。

[22]　臨汾市，位於黃河東岸，汾河下游，因臨於汾河而得名，是中華民族發祥地之一。

命棄司農業，契掌司徒，皋陶治法，垂理百工。舜年老後，子商均亦不肖，禪讓於禹。傳帝位於禹，肇傳位於賢而不傳子的首例，傳為美談。舜年老，南巡卒於蒼梧，葬於零陵（湖南九嶷山）。是以學校之中，教之以成德為事，品德操守是教學的第一要務。

《呂氏春秋》：「禹娶涂山氏女，不以私害公，自辛至甲四日，復往治水。」[23] 如《詩經》：「洪水茫茫，禹敷土方。」[24] 敘述大禹時代，洪水氾濫，主名山川。《左傳》：「美哉禹功，明德遠矣。微禹，吾其魚乎！」[25]《史記》：「大禹平活水土，功齊天地。」[26]

父鯀治水九年不息。為舜所殛。禹續，見鯀以防堵治水失敗，更改為疏濬方法，興工傅土，行山表木，定高山大川，疏導洪水，三過其門而不入，十三年，完成治水。

學問之功在於誠

陽明曰：「凡學問之功，一則誠，二則偽。凡此皆是致良知之意，欠誠之真切之故。」大學云：「誠其意者，如惡惡臭，如好好色，此之謂自慊（滿足）。」[27] 中庸曰：「自誠明，謂之性；自明誠，謂之教。誠則明矣，明則誠矣。」[28] 第二十一章

23　《呂氏春秋》卷六，〈季夏紀〉。
24　《詩經‧商頌》。
25　《春秋左傳‧昭公元年》。
26　《史記‧夏之十三》。
27　《傳習錄校釋》中，頁110。
28　《中庸》第二十一章。

「自誠明」，與天具有，不學而有，聖人天賦的本性；「自明誠」明白善道而達到至誠，後天賢人的學習而有；若一般的人能反身而誠，則善莫大焉；皆是學習的基本要件。誠者， 恆也，恆者，堅持不懈。人一己十，人百己千，真知力久則入，鐵鐵鋤磨成繡花針，功在不捨。

陽明謂學者曰：「為學須得個頭腦功夫，方有著落。縱未能無間，如舟之有舵，一提便醒。不然，雖從事於學，只做個義襲而取，只是行不著，習不察，非大本達道也。」又曰：「見得時，橫說豎說皆是。若於此處通，彼處不通，只是未見得。」[29] 為學需要專心一志，不得三心兩意，才能掌握要點，有所突破，創立卓識。以免落入蕭規曹隨，仰人鼻息，了無新意，要來何用？勸，勤也，〈勸學〉，勤勉的學習。荀子主張人的本性是不好的，其善者偽也；偽者，泛指性善是後天人為的，因此，荀子重視後天的教育學習，改變人性由惡而向善，所以荀子在〈勸學〉文章的開宗明義即說：「君子曰，學不可以已。」君子泛指才德謙備的人，君子的學習是不能停止的。所以強調「千越夷貊之子小孩，生下來的哭聲是相同的，長大以後，習俗是很大的不同，後天的教化，後天的學習，使他們不同的，」荀子認為教育可以改變我們的生活習俗。舉例以證：「不做半步半步的累積，沒有辦法到達千里的遠路；不累積細小的水流，沒有辦法造成大江大海，千里良馬一跳，不能到達十步的遠路；劣馬花用十倍的努力，牠的成功在於不放棄。」至於蚯蚓沒有銳利的爪

---

[29] 《傳習錄校釋》上，頁 50。

牙，強健的筋骨，在地下生活着，向上吃些塵土，向下喝些
地下水，用心專一沒有使它生活著。至於螃蟹擁有八隻腳兩
隻大螯，寄生在蛇鱔善的洞穴，用心浮躁的結果，因此，荀
子強調「能真誠力行，久而久之，自然能夠進入為興的門徑。」
學習視為人終生的事，不可遺忘。

　　陽明答薛侃「認欲作理」的學習方法，人須是知學，講求
亦只是涵養。不講求，只是涵養之至不切。薛侃又問：何謂知
學？陽明曰：「學是學存天理。心知本體，即是天理，體認天
理，只要自心地無私意。……是非之心，人皆有之，不假外求。
講求亦只是體當自心所見，不成去心外別有個見？」[30] 學問之
道無他，但求放心而已。

30　《傳習錄校釋》上，頁 45。

十六、王陽明的活化教學方法

　　孟子有云：「教亦多術矣。」現代社會的日新月異，突飛猛進，人文、語言、科學、藝術、醫學、自然、工業、電腦、手機 LINE、機器人的製造等等，林林總總，鉅細靡遺，人類的生活日趨複雜化、現代化，教育是人類生活的過程，也是與時俱進的教育活動。而明代王陽明時期的教育的課程，以漢學語文教學為重點，還是停留在古老的文字教學，以聽、讀、寫、作為教學主要活動，試論其教學方法如下：

問答教學法

　　在日新月異時代裡，宇宙乾坤的變化莫測，老師透過傳統教學教法，或是使用現代教具；如視訊、聲光、視聽、幻燈片、投影機等教具，力求教學生動活潑，啟發學生的學習興趣，以為傳道、授業、解惑的津梁。但是百變不離其宗，課堂中師生們彼此的互動，腦力激盪，火花四射，讓上課氣氛充滿著熱烈的氣氛，有備而來的唇槍舌戰，為真理而辯，為正確答案而辯，每每下課鐘聲響起，卻是欲罷不能，延伸到下課後繼續討論。所以問答教學法為最常使用，最簡便，最有績效的教學方法之一。

子入大廟，每事問。或曰孰谓鄹人[1]之子知禮乎？入大廟，每事問。子聞之曰：「是禮也。」[2]孔子自稱「敏而好學，不恥下問。」能夠「不恥下問」必得「好問則裕」的好處，凡人與人相互交談，無論是以多問於寡，或以上問於下，好問的一方總是佔上方。因此，課堂上交叉問答，遵守說話的禮儀，提升說話辯論的能力，是最好的口才訓練最佳的副學習。況且真理愈辯愈明，獲得共修的學習成果。

黃省曾問：「思無邪」一言，如何便蓋得三百篇之義？陽明曰：「豈特三百篇？只此一言，便可該貫，以至窮古今天下聖賢的話，思無邪一言，也可該貫。此外更有何說？」此事一了百當的功夫。[3]思是心的作用，思無邪即為良知。陽明認為「思無邪」一語，不僅可以概括詩經而已，更可含蓋六經以及聖賢的言論。由此得知問答法應用之妙，存乎一心，是教學法中重要的一環。曾經參觀西藏僧侶課外教學，僧侶在教室外的空地，分組辯論教學法，人數有一對一或對二或對三，人數自組不等，欲發言者先擊掌而後發言，氣氛熱烈，機智駁辯，參加者飽讀書本，融會貫通，以免詞窮，羞赧不已。「學記」有云：「善問者，如攻堅木，先其易者，後期節目，及其久也，相悅以解；不善問者，反此。善待問者，如撞鐘，叩之以小則小鳴，叩之以大則大鳴，待其從容，然後近其聲；不善答問者，反此，此接進學之道也。」《禮記·卷十八》問答各有其妙，

1　鄹人，孔氏（西元前 549 年）名紇，字叔梁，又稱叔梁紇。是伯夏的兒子，孔子的父親，魯國鄹邑大夫。左傳襄公十年：鄹人邑大夫，仲尼父，叔梁紇。《史記》卷四十七，〈孔子世家〉第十七。

2　《論語·八佾》。

3　《傳習錄校釋》下，頁 150。

王陽明傳習錄書中的師生問答，巧問實答，妙趣橫生，如春風
風人。善問者，如攻堅木，先平易後節目，實日既久，相悅以
解；不善問者，與此相反。而善待問者如撞鐘，扣之以小則小
鳴，扣之以大則大鳴，待其從容，然後盡其聲；不善待問者，
與此相反。這些是師生之間問答進學的道理，不可不知也。

因材施教法

　　子曰：「中人以上，可以語上也；中人以下，不可以語上
也。」⁴ 這是孔子因材施教的主張，如當代國教的編班授課，
教育部三申五令，訂定常態編班上課，學校在社會升學壓力氛
圍下，不得不巧立名目，諸如數學、英語、自然科學、體育、
美術、音樂等資優班，其實是變相的能力編班，學校的設置資
優班，藉以提高升學率，滿足學生、家長的需求，背離教育宗
旨，錯了嗎？這是因材施教法的實踐。

　　冉求曰：「非不說（悅）子之道，力不足也。」子曰：「力
不足者，中道而廢，今女（汝）畫。」⁵ 孔子的學生冉求說：「我
不是不喜歡老師的道理，只是我的力量不夠。」孔子說：「力
量不夠的人，走到中途就停下來，現在你是自我畫地設限不想
前進。」孔子勉勵學生力求上進，「譬如為山一簣，止，吾止
也；譬如平地，雖覆一簣，進，吾往也。」⁶ 吾止、吾往，在
於自己，與他人何干？

---

⁴ 《論語・雍也》。
⁵ 《論語・雍也》。
⁶ 《論語・子罕》。

　　陽明乃從人之氣質紓論，氣質有輕濁粹駁。「有中人以上，中人以下，其於道，有生知安行，學知利行，其下者，必須人一己百，人十己千，及其成功則一。」[7]這是陽明因材施教的原理原則。而當代教育的教學不當，亦頗有微詞，認為後世不知做聖人之本是純乎天理，卻專去知識才能上求聖人。以為聖人無所不知，無所不能，我須是將聖人許多知識才能，逐一理會始得。故不務去天理上著工夫，徒畢精竭力，從冊子上鑽研，名物上考索，形迹上比擬。知識愈廣而人欲愈滋，才力愈多，而天理愈蔽。……吾輩用力，只求日減，不求日增。減得一分人欲，便是復得一分天理，何等輕快灑脫！何等簡易！陽明的教育宗旨是「去人欲，存天理」，不是鑽研書本、考索名物、模擬古人而已。

　　薛侃[8]問：「上智下愚，如何不可移？」陽明曰：「不是不可移，只是不肯移（更動）。」[9]又黃省曾[10]問：「中人以下，不可以語上，愚的人與之語上，尚且不進，況不與之語可乎？」陽明曰：「不是聖人終不與語，聖人的心，憂不得人人都做聖人。只是人的資質不同，施教不可躐等。中人以下的人，便與他說性、說命，他也不省得，也須慢慢琢磨他起來。」[11]課綱的訂定，教材的選擇，教學方法的採用，教具的配合，教學的

---

[7]　《傳習錄校釋》上，頁 47。
[8]　薛侃（1486-1545），字尚謙，號東籬，廣東揭陽人。明武宗正德二年（1507）進士，官至行人司司正，王陽明學生。《傳習錄教釋》上，〈薛侃〉，頁 41。
[9]　《傳習錄校釋》上，〈薛侃錄〉，頁 53。
[10]　黃省曾，字勉之，號五岳，王陽明學生。
[11]　《傳習錄校釋》下，頁 151。

評量……等等，都是教師教學的檢討與改善的要點，也是教學相長的動力。學者有四失：或失則多，護失則少，或失則易，或失則難。學者之心莫同也，知其心，然後救其失，善教者使人繼其志，為師者不可不知也。

按《論語》孔子有曰：「唯上知與下愚，不移。」[12]孔安國曰：「上知不可使為惡，下愚不可使為賢。」此謂上知與下愚，以為人的本性，本性泛指氣質而言，與孔子的教育理念相同。王陽明認為狂者從狂處成就他，狷者從狷處成就他。因材施教因其專才、興趣的活化教學，可得事半功倍的教學成果。若今日依能力編班或智力編班或才藝編班皆是也。

比喻教學法

比喻法在寫作或說話表達恰到好處時，常常令人眼睛為之發亮，令人嘆為觀止。而在教學上的運用，亦得異曲同工之妙。

喻體、喻依、喻詞三項，構成一個完整的比喻要素。喻體是敘述事物的主體，喻依是用來比喻說明一主體的另一事物，而喻詞是連接喻體和喻依的語詞。如「明月如霜」，「明月」是喻體，「如」是喻詞，「霜」是喻依。喻體、喻依、喻詞三項具備，稱「明喻」。凡具備喻體和喻依，而喻詞由繫辭——「是、為、乃」替代，稱「隱喻」，如「那河畔的金柳是夕陽中的新娘」（徐志摩再別康橋）。凡省略「喻詞」，只有「喻體」和「喻依」，稱「略喻」，如「舊恨春將流不盡，新恨雲山千叠」。辛

12　《論語‧陽貨》。

棄疾〈念奴嬌〉凡「喻體」和「喻依」都省略，只有「喻依」，
稱「借喻」如「歲寒，然後知松柏之後凋也。」《論語・子罕》

　　與其為數頃無源之塘水，不若為數尺有源之泉水，生意不
窮。時先生在塘邊坐，傍有井，故以之喻學云。」[13] 朱子有詩
「半畝方塘一鑑開，天光雲影共徘徊。問渠那得清如許？為有
源頭活水來。」[14]〈觀書有感〉有異曲同工之妙，方塘再大，
若無水源，久之，必然枯竭。不若有源之水塘，歷久不衰。做
學問亦如是，必深耕窮究得其源頭，活讀書才得活學問。

　　子曰：「譬如為山，未成一簣，止，吾止也！譬如平地，
雖覆一簣，進，吾往也！」《論語・子罕》又曰：「能近取譬，
可謂仁之方也已」[15]

　　陽明曰：「諸公在此，務要立個必為聖人之心，時時刻刻，
須是一棒一條痕，一摑（重擊）一掌血，方能聽吾說話，句句
得力。若茫茫蕩蕩度日，譬如一塊死肉，打也不知痛癢，恐將
不濟事。回家只尋舊時伎倆而已，豈不惜哉！」[16]「一棒一條
痕，一摑一掌血」語出《朱子語類 論語》喻做事踏實或說話
切中要點。若「一塊死肉」喻沒有感覺或沒有知覺，毫無作用。
陽明以為學生要專注聽講，入乎耳，注乎心，布乎四體，行乎
動靜，學以致用，方為進，吾往也。若學而不知，學而不用，
於己無補，徒勞無功，殊為可惜。司雁人《陽明境界》書中有
陽明比喻五十種例證。可見陽明善於使用比喻教學說理，俾使

---

[13]　《傳習錄校釋》上，〈陸澄錄〉，頁37。
[14]　《朱文公全集》，〈七絕〉。
[15]　《論語・述而》。
[16]　《傳習錄校釋》下，頁183。

教學活潑生動，以為入耳動心的教學成果。

講述教學法

　　講述法是最古老最傳統的教學法，一般採行老師主講，學生聽講，單線進行的教學方式。老師講課容易掌握課程進度，容易掌握上課時間。但是老師講課的聲調，若是平鋪直述而缺少抑揚頓挫，上課內容不感興趣，如照本宣科，造成疲勞轟炸，久而久之，學生夢遊周公去了。所以老師須具備舌燦蓮花的口才，選擇學生喜歡的教材，如依學生程度選擇，過於平淺或艱澀，都不適宜。以免老師落入唱獨角戲的陷阱，因而影響學生上課的意願，造成學習效果的偏差。師生之間因缺少溝通，形同陌路，雙方怨懟而告終了。因此採用講述法，宜用說書的方式進行講課較佳。傳習錄書中，凡是使用書信往返解惑者皆屬之。陽明答羅整庵少宰書：世之講學者有二：「有講之以身心者，講之以口耳者。講之以口耳，揣模測度，求之影響者也；講之以身心者，行著習察，實有諸己者也。知此，則知孔門之學矣。」[17] 子曰：「德之不修，學之不講，聞義不能徙，不善不能改，是吾憂也。」[18] 當代學者偏差有二：一是稍為懂得傳習訓詁，就以為知學，就不再追求講學，可悲了。二是道必先體認而後才能了解，不事先了解道才做體認的功夫。當代講學有用口耳揣摩測度；或用身心來覺察行為而有所得，稍稍接近孔門的學習了。「訓詁」：「訓」意為現在口語得說明或解釋；「詁」

---

[17]　《傳習錄校釋》中，頁 112。
[18]　《論語·述而》。

意為古言也，即為「古文」。「訓詁」就是以「今文解釋或說明古文的意義。」

又周道通[19] 來書云：「致知之說，春間再承誨益，已頗知用力，覺得比舊猶為簡易。但鄙心則谓與初學言之，還須帶格物意思，使知下手處。本來治之格物一并下，但在初學，未知下手用功，還說與格物，方曉得致知云云。」[20] 為「格物是致知功夫，知得致知，便已知得格物。若是未知格物，則是致知功夫亦未嘗知也。近有一書與友人論此頗悉，今往一通，細觀之，當自見矣」[21]

啟發教學法

郡守南大吉[22] 與陽明的對話，南大吉說：「與其過後悔改，曷若預言不犯為佳也？」陽明曰：「人言不如自悔之真。」大吉笑謝而去。居數日，復曰：「身過可勉，心過奈何？」陽明曰：「昔鏡未開，可得藏垢，今鏡明矣，一塵之落，自難住腳。此正入聖之機也，勉之。」[23] 師生之間的問答，有攻有守，但不離主題「悔」字，機鋒側出學生的提問直率，老師的回答以比喻作答，腦力激盪〈brainstorming method〉，此法為奧斯朋

19　周道通，即周沖，號靜庵，江蘇宜興人。先師陽明學，後師湛若水，調和王湛兩家學說，合而為一。。
20　《傳習錄校釋》中，頁 91。
21　《傳習錄校釋》中，頁 91。
22　南大吉（1487-1541）字元善，號瑞泉，陝西渭南人。正德六年（1511）第進士，曾任互部郎中，知府等職。因得罪權貴而歸，在官任職時，稱王陽明為座主，自稱門生。殁於嘉靖二十年。
23　《傳習錄校釋附錄，頁 209》。

〈Osborn〉[24] 1957 年所創用，悟道而得，生活觀念的正確，這是陽明先生的導向思考教學，引導南大吉去解決問題，高妙的啟發教學法。

　　陽明鍛鍊人處，一言之下，感人最深。一日，王汝止[25]出遊歸，先生問曰：「游何見？」對曰：「滿街人都是聖人。」先生曰：「你看滿街人是聖人，滿街人倒看你是聖人在。」又一日，董夢石[26]出遊而歸，見先生曰：「今日見一異事。」先生曰：「何異？」對曰：「見滿街人都是聖人。」先生曰：「此亦常事耳，何足為異？蓋汝止圭角（註：內斂銳氣或才華）未融，夢石恍見有悟，故文同答異，皆反其言而進之。」陽明曰：「你們拿一個聖人去與人講學，人見聖人來，都怕走了，如何講得行！需做個愚夫愚婦，方可與人講學。」黃又曰：「今日要見人品高下最易。」陽明曰：「何以見之？」對曰：「先生譬如泰山在前，有不知仰者，需是無目人。」陽明曰：「泰山不如平地大，平地有何見？」先生一言剪裁，剖破終年為好高騖遠之病，在座者莫不悚懼。[27] 蘇軾與佛印，是莫逆之交的好朋友。有一次。兩人在一起，蘇軾問曰：「你看我像什麼？」佛印答

24　腦力激盪，又稱頭腦風暴會議。是奧斯朋（Osborn）BBDO 廣告公司創始人（Batten，Barton，Durstine and Osborn）於 1938 年所創始。以團體方式鼓勵成員於既定的時間裡，構思出大量新奇的意見而不加以評價，所有想法都可以接受不限思考空間，成員互相鼓勵發表交流意見。

25　王汝止即王艮，（1368-1402），字敬止，號止齋，江西吉水人。明建文二年（1400）進士，官受翰林院修撰。後於故里安豐場講學，開門授徒，以百姓日用知道、安身立命的淮南格物說為主軸，創立泰州學派。著有《平燕策》、《翰林集》、《王修撰文集》。

26　董夢石即董澐（1458-1534）字復宗，號夢石，浙江海寧人，六十七歲時問學於王陽明。

27　《傳習錄校釋》下，頁 173。

說：「像普薩。」接著反問：「你看我像什麼？」軾答曰：「我看你像牛糞。」蘇軾以為羞辱了佛印，回家後，將此事經過得意的敘述告訴夫人。夫人說：「你的心裡充滿牛糞，將佛印看成牛糞。佛印心中充滿了黃金，將你看成黃金。仔細地想想。」教師的教學，態度宜和藹可親，親近學生，不卑不亢；若為師者態度嚴謹，自恃己能，學富五車，遂令學生敬而遠之，難得春風風人，春風化雨之教學。凡學之道，嚴師為難。師嚴然後道尊，道尊然後民知敬學，為學者不可不知也。

個別教學法

　　就是一對一的教學方式，傳習錄書裡，俯拾皆是：面對面直接教學，大多口述針對提問回答，語多簡要明白，重點回答。薛侃悔。陽明曰：「悔悟是去病之藥，以改之為貴。若留滯於中，則又因藥發病。」[28] 遠距離書信筆談教學。摛义作答，委婉細膩，說理明確，篇幅較長，修辭縝密，意境高遠，可作議論文讀，又可作敘述文觀賞。〈答顧東橋書〉來書云：「但恐立說太高，用功太捷，後生師傳，影響謬誤，未免墜於佛氏明心見性、定慧頓悟之機，無怪聞者見疑。」[29] 區區格致誠正之說，是就學者本心、日用事為間，體究踐履，實地用功，是多少次第、多少積累在，正與空虛頓悟之說相反。聞者本無求為聖人之志，又未嘗講究其詳，遂以見疑，亦無足怪。若吾子之高明，

---

[28] 《傳習錄校釋》上，頁 51。
[29] 《傳習錄校釋》中，頁 67。

自當一語之下了然矣！乃亦謂立說太高，用功太捷，何邪？[30]

「聖人教人，不是個束縛他通做一般，只知狂者從狂處成就他，狷者便從狷處成就他。人之才氣如合同得。」[31] 因人因才而施予適人適才的教誨，教學相長的最好的方法。

團體教學法

陽明同在坐之友：比來工夫何似？一友舉虛明意思。陽明曰：此是說光景。一友敘今昔異同。陽明曰：此是說效驗。二友憮然，請示。陽明曰：「吾輩今日用功，只是要為善之真切。此心真切，見善即遷，有過即改，方是真切功夫。如此，則人欲日消，天理日明。若只管求光景，說效驗，卻是助長外馳病痛，不是工夫。」[32] 這是陽明先生的團體教學，利用學生團聚人數眾多情況下，如同今日的團體輔導。以問答法方式進行，學生自由提問，老師即時答題。「由於未得答案，陽明及時糾正，直接給予正確答案。日常宜求為善真切，遷善改過。」「過，則勿憚改」[33] 其他如〈訓蒙〉、〈教條示龍場諸生〉有類似現代的學校上課，當然是團體教學。黃省曾錄：「先生初歸越時，朋友蹤跡尚寥落。既後四方來遊者日進。癸未年以後，黃先生而居者比屋，如天妃、光明諸剎，每當一室，常合食者數十人；

---

[30] 同註 29。《傳習錄校釋》中，頁 67。

[31] 《傳習錄校釋》下，頁 153。

[32] 《傳習錄校釋》上，〈薛侃錄〉，頁 45-46。

[33] 《論語・子罕》。

夜無臥處，更相就席，歌聲徹昏旦。南鎮、禹穴、陽明洞諸山遠近寺剎，徒足所到，無非同志游寓所在。陽明每臨講座，前後左右環坐而聽者，常不下數百人，送往迎來，月無虛日；至有再待更歲，不能遍記其姓名者。每臨別，先生長嘆曰：君等雖別，不出在天地間，苟同此志，吾亦可以忘形似矣！諸生每聽講出門，未嘗不跳躍稱快。」[34] 按陽明於此提出在越地講學盛況，並自我評比，個人教學方法以及學術思想漸有長進、成熟。

抽絲剝繭教學法

王陽明是明代傑出的理學家，其傳習錄教學是教學的實錄，也是陽明學生對老師畢生教學的心路歷程。陽明堪稱是個心學大師，其教學條理井然，深得心學的邏輯概念，估稱為「抽絲剝繭教學法」。

薛侃問：「專涵養而不務講求，將認欲作理，則如之何？」陽明曰：「人須是知學，講求亦只是涵養。不講求，只是涵養之志不切。」曰：「何謂知學？」曰：「且道為何而學？學個甚？」曰：「嘗聞先生教，學是學存天理。心之本體，即是天理，體認天理，只要自心地無私意。」曰：「如此則只需克去私意便是，又愁甚理欲不明？」曰：「正恐這些私意認不真。」曰：「總是志未切。志切，目視耳聽皆在此，安有認不真的道理？是非之心，人皆有之，不假外求。講求亦只是體當自心所見，不成

---

[34] 《傳習錄校釋》下，頁175。

去心外別有個見？」[35] 按：提問由淺而深，答問層次井然，問得緊湊，答問切題，師生的腦力激盪，各得其妙。

分組討論教學法

實施分組討論之前，視全體學生人數，每組人數約 8-10 人，各組推選組長 1 人，領導本組工作分配，不宜過多或太少，組員過多則群組紛亂而學習效果欠佳，組員太少則學生負擔過重，所以培養學生主動學習，發現問題，尋找答案。均採用民主方式進行之，以培養服從、負責、自動自發的副學習精神。分組討論的進行，視情況而定，利用課餘時間由組長主持討論，或於上課教室分組討論，再由各組推派代表提出心得報告，全班同學共同討論之，再做結論。老師輔導做總結完成討論成果。利用分組討論法，可以激勵學生主動學習的副學習。

總之，教學方式可運用方式很多，透過不同的教法，引導學生主動學習，藉以理解達到教學目標。語文教學是理解而深入了解，而達到學以致用，背誦是手段之一，學以致用，才是學習目的。王陽明五十六歲（明世宗家靖六年，西元 1527 年）出發征思，田前夕，與弟子錢緒山〈德洪〉王龍溪二人論四句教，為陽明晚年教育宗旨，又稱天泉證道。錢、王各自紓論己見，猶如分組的提出結論心得。

本段短文的結構，學生薛侃提問，讀書但講求涵養，以欲作理，殊為不當，該如何？陽明答：「需是知學為先，涵養不

---

[35] 《傳習錄校釋》下，頁 175。

切為學之志。」先提出為學之志，再指出不當。答問技巧。薛侃即問：何謂知學？及時提問重點。陽明反問知學為何？再問。侃答嘗聞 老師之教，學存天理，體認天理，心無私意。學而不思則罔，思而不學則殆。侃之答答問切要。陽明肯定其答問，再提問：何愁理欲不明？侃答：私意不真。陽明答：「志切。是非之心，人皆有之，不假外求。不必外求。」

　　總之，師生之間的答問，陽明的答問，慣用先答後問，步步深究，緊緊扣題，偏不移。而薛侃提問，小心翼翼，接問或接答，表現好學不倦，實問實答，頗得肯定。今知教者，伸其佔畢，因班級學生人數過多，超過 60 人以上，比比皆是，為趕進度、抓時間、重視主學習，副學習常常被忽略，造成學生學習偏頗，生活教育、倫理思想等常常被棄置不理，學生在不考不理讀書環境中成長，造就學習的態度的不當，思想的錯誤引導，家庭、社會、國家的負面影響，令人浩歎。

十七、王陽明的輔導教育

　　輔導的定義（Guidance）：它是協助個人瞭解自己及其周遭環境的一種過程。協助不是強迫矯治，而是一求助者的邀請，所提的幫忙、輔助或助力；目的是預防治療與改善。特殊學生輔導：優劣才智、特殊才藝、科舉論文；生活輔導：社交、休閒心理輔導。本文的輔導乃就明朝傳習錄的內容，王陽明與學生的互動、教學活動為基礎，以現代的輔導觀念詮釋之，未必完全符合今日學校輔導教育，但不能不承認陽明也有輔導教學。

王陽明的作文輔導

　　修辭立其誠

　　陽明曰：「這些字看得透徹，隨他千言萬語，是非誠偽，到前便明，合得的便是，合不得的便非。如佛家說心印相似。」[1] 禪宗不立文字，不依語言，直以心為印相似，「真是個試金石、指南針」。[2] 有真性情乃有真文章，有真文章乃能真感人。柳宗元說：「始吾幼且少，為文章，以辭為工。及長，乃知文者以

---

[1] 《傳習錄校釋》下，頁 135。
[2] 《傳習錄校釋》下，頁 143。

明道，是固不苟為炳炳烺烺，務采色，夸聲音，而以為能也。」³ 以自己寫作的經驗，告訴韋中立，年少時，寫作文章以辭美為最好。長大以後，才知道寫作文章以明道為要點，因此，美艷亮麗的修辭，不輕易著墨，文字的聲韻亦不鋪張，以為寫作文章的能事。陽明說：「凡作文字要隨我分限所及，若說得太過了，亦非，修辭立誠矣。」⁴ 才是寫作文章的最高境界，修辭立誠為最高原則。

陽明曰：「良知是造化的精靈。這些精靈，生天生地，成鬼成帝，皆從此出，真是與物無對。人若復得他完完全全，無少虧欠，自不覺手舞足蹈，不知天地間更有何樂可代。」⁵ 寫作文章自得其樂，下筆揮灑自如，該止則止，該行則行，是以張潮以為有功夫讀書，謂之福。《幽夢影》，有功夫寫作，得寫作之樂。

黃直問「知行合一」陽明答曰：「此須識我立言宗旨。今人學問，只因知行分作兩件，故有一念發動，雖是不善，然卻未曾行，便不去禁止。我今說個知行合一，正要人曉得一次發動處，一遍即是行了。發動處有不善，就將這不善處的念克倒了，需要徹根徹底，不使那一念不善潛伏在胸中。此是我立言宗旨。」⁶

3　柳宗元，係唐宋古文八大名家之一，著柳河東集。韋中立，元和十四年（819）中進士。元和八年，寫信請柳宗元為師，柳氏以〈答韋中立論師道書〉函覆。。
4　《傳習錄校釋》下，頁143。
5　《傳習錄校釋》下，頁154。
6　《傳習錄校釋》下，頁140。

作文、作詩文字隨分所及，寫作詩歌思無邪

　　門人作文送友行，問先生曰：作文不免費思，作了後一二日常記在懷。曰：「文字思索亦無害，但作了常記在懷，則為文所累，心中有一物矣，此則為可也。」[7] 又作詩送人，陽明答黃修易：「藝者，義也，理之所宜者也，如誦詩、讀書、彈琴、習射之類，皆所以調習此心，使之熟於道也。苟不志道而遊藝，卻如無狀小子，不先去置造區宅，只管要去買畫掛作門面，不知將掛在何處？」[8] 志道遊藝，乃出於孔子所謂：「志於道，據於德，依於仁，游於藝。」因此「讀書作文安能累人？人自累於得失爾。」[9]

　　一友問：讀書不記得如何？陽明曰：只要曉得，如何要記得？要曉得已是落第二義了，只要明得自家本體。若徒要記得，便明不得自家的本體。[10]

　　為寫作而寫作，不是為文章而寫作。張潮[11] 以為「有學問著述，謂之福。」

　　陽明嘗語學者曰：「作文字亦無妨功夫，如詩言志，只看爾意向如何。意得處自不能不發之於言，但不必在詞語上馳

7　佛家說心印，禪宗不立文字，不依語言，直以心為印相似。
8　《傳習錄校釋》下，頁146。
9　柳宗元〈答韋中立論師道書〉。
10　《傳習錄校釋》下，頁151。
11　張潮，字山來，號心齋，安徽歙縣人。《幽夢影》為語錄體，三十歲時動筆，約在四十五前完稿。內容廣泛，漫談山水、風月、讀書等，能充分反映作者的生活情趣與思想。

騁，言不可以偽為。且如不見之人，一片粗鄙心，安能說出和平話？總然都做得，後一兩句，露出病痛，便覺破此文原非充養得來。若養得此心中和，則其言自別。」[12] 按：陽明告訴讀書人，寫作詩文不必誇耀才學，不必舞文弄墨，但詩文乃言為心聲，言道述志，才是真文章，才是有滋味。

讀書的輔導

陽明序曰：「洙、泗之傳，至孟氏而息；千五百餘年，濂溪、明道始復追尋其緒。自後辨析日詳，然亦日就支離決裂，旋復湮晦。吾嘗深求其故，大抵皆世儒之多言，有以亂之。陽明早歲業舉，溺志詞章之習，……因求諸老、釋，證諸五經，迭經三變，終於朱子（略）。」[13] 讀書作文安能累人，人自累於得失耳[14]

陽明答楊子直，「學者墮在語言，心實無得，固為大病。然於語言中，罕見有究竟得徹頭徹尾者。蓋資質已是不及古人，而功夫又草草，所以終身於此，若存若亡，未有卓然可恃之實。近因病後，不敢極力讀書，閑中卻覺有進步處。」[15] 唯有求放心為上策。放心者，孟子有言：「讀書之道無他，求其放心而已矣。」心無旁騖，殊為讀書之至言。

---

[12] 《傳習錄校釋》附錄一，頁 206。
[13] 《傳習錄校釋》附錄二，〈朱子晚年定論序〉，頁 213。
[14] 《校釋傳習錄》，頁 147。
[15] 《傳習錄校釋》附錄，〈楊子直〉，頁 222。

蕭惠好仙、釋的迷惑

陽明學生蕭惠喜好仙、釋，陽明以己之經驗作為警戒，自幼喜愛仙釋，不讀儒學。居夷三載，始知儒學簡易廣大，錯用三十年功夫；如今所學，真鴟鴞竊腐鼠耳。惠請問二氏之妙。陽明答曰：「我已告訴你儒學的簡易廣大，不問我悟的，卻問我悔的。惠慚謝。待你用心於儒學才告訴你。」惠三請，陽明說：「我已經告訴你，你還是不會。」[16] 陽明有「舉一隅而不以三隅反，則不復也」的教學。蕭惠的提問缺當，讀書以儒學為正向。

人之為學不可執一偏

王陽明告訴學生，教人為學，不可執一偏。宜教省察克制之功，則無時而可間。如去盜賊，需有個掃除廓清之意。無事時，將好色、好貨、好名等私，逐一追究，搜尋出來，定要拔去病根，永不復起，方始為快。常如貓之捉鼠，一眼看著，一耳聽著，才有一念萌動，即予克去，斬釘截鐵，不可姑容與他方便，不可窩藏，不可放牠出路，方是真實用功，方能掃除廓清。……初學必須思省察克治，即是思誠，只思一個天理。得到天理純全，便是何思何慮矣。[17] 學記：君子之於學也，藏焉，「存於內心」，修焉，「表現在行動」，息焉，「休息時間」，游

---

16 《傳習錄教釋》上，頁 61。
17 《傳習錄校釋》上，頁 25-26。

焉,「遊戲活動」。夫然,故安其學而親其師,樂其友而信其道,是以雖離師輔而不反也。《禮記》卷十八。

因材施教為國舉才

「學校之中,惟以成德惟事,而才能之異,或有長於禮樂,長於政教,長於水土播植者,則就其成德,而因使益精期能於學校之中。」[18] 為國培養優秀人才,因而滿足社會的用人的需求,若今日大學的各科各系各所,而造就就業的人,共同努力於事業,建設國家。俾使社會富足,人民安居樂業,親其親,子其子,老有終,壯有用,幼有長,男有分,女有歸。不是幻想,而是理想,期望達到大同世界。陽明以為天理之在人心,終究長存不滅,而良知之明,萬古一日,所以聖人的儒家聖學,必待豪傑志士奮然而起,實現先憂後樂的理想,乃普天之下芸芸眾生之所仰望的世界大同。

王陽明的生活輔導

人人皆可以為堯舜

王陽明認為以治生為首務,使學者汲汲營利或但自啟營利之心,果能於此調停得身心無累,雖終日做買賣,無害於為聖為賢,何妨於治生?凡人為生活而需要活動,為生活而工作,乃盡己之力而忠於事,無可厚非。把工作當做我們的生活,把

---

18 《傳習錄校釋》中,頁 85。

生活當做我們我們的工作；若以此為得厚利，棄為聖為賢於不顧，則有害於身心，斯本末倒置，則不可。王陽明體認「但研學者治上盡有功夫則可；若以治生為首務，使學者汲汲營利，斷不可也。……雖治生亦是講學中事，但不可以之為首務，徒起營利之心。果能於此處調停得心體無累，雖終日做買賣，不害其為聖為賢。何妨於學？學何貳於治生？」[19] 人人皆可以為聖為賢，治生不可危害聖賢大業。為生活而工作，並不失當，就今日工作態度而言，為提高個人的生活價值，為工作而生活，更勝一籌。不是嗎？

學須反己

　　陽明曰：「朋友相處，常見自家不是，方能點化得人之不是。善者固吾師，不善者亦吾師。」譬如見人多言，吾即自省是否多言？見人好高，吾自省是否好高？如此便是相觀而善，處處得益。」[20]「三人行必有我師焉，擇其善者而從之，其不善者而改之。」[21] 人間處處有餘師，只要願意自我省思改過，誠實面對自己，必然達到無悔的境界。子曰：「人之過也，各於其黨。觀過，斯知人矣。」[22] 為人不免有過，若能誠實面對過錯，及時改正過錯，善莫大焉，亦為無過矣。

　　言語無序，亦足以見心之不存。心之不存，焉為好學？是以孟子說學，求其放心而已。陽明告誡薛侃，「為學大病在好

---

[19]　《傳習錄校釋》，拾遺，頁 195-196。
[20]　《傳習錄校釋》，附錄一，頁 201。
[21]　《論語・述而》。
[22]　《論語・里仁》。

名」。而聲聞過情,君子恥之,是以悔悟為去病的葯方,念茲
在茲,不可或忘。「夫夫也,惟知責諸人,不知及諸己故也。」
[23] 曾子曰:「吾日三省吾身,為人謀而不忠乎?與朋友交而不
信乎?傳,不習乎?」[24] 曾子每天以做事、交友、讀書三件事
來自我反省,以減少己過,反身而誠,斯為聖賢自省而誠的修
身之鑰。〈學記〉:「雖有佳餚,弗食,不知其旨也。雖有至道,
弗學,不知其善也。是故:學,然後知不足;教,然後之困。
知不足,然後能自反也。知困,然後能自強。故曰教學相長也。」
《禮記》卷十八。

謙者眾善之基,傲者眾惡之魁

　　王陽明到吉安[25] 夜,諸生偕舊游三百餘人迎入螺川驛中。
陽明立談不倦。曰:「堯舜生知安行的聖人,猶兢兢業業,用
困勉的工夫。吾儕以困勉的資質,而悠悠蕩蕩,坐享生知安行
的成功,豈不誤己誤人?」又曰:「良知之妙,真是周流六虛[26],
變通不居,若假以文過飾非,危害大矣。」臨別囑曰:「功夫

23　《傳習錄校釋》,附錄一,頁 194。
24　《論語·學而》。
25　吉安,江西中西部。《傳習錄校釋》拾遺,頁 196 直問:許魯齋言學者
　　以治生為首務,先生以為誤人,何也?先生以為以治生為首務,汲汲營
　　利則不可。
26　周流「六虛」,《易·繫辭下》:易之為書也不可遠,為道也屢遷。變
　　動不居,周流六虛。韓康伯注:六虛,六位也。孔穎達疏:主陰陽周徧
　　流動六位之虛。六位之虛者,位本無體,因爻始見,故稱虛也。《漢書·
　　律歷志上》:其數以易大衍之數五十,其用四十九,成陽六爻,得周流
　　六虛之象也。六虛者,古語意謂上下四方。

指示簡易真切。愈真切愈簡易，愈簡易愈真切。」[27] 陽明在吉安已是受人尊重、學生人數三百有餘。立談不輟，把握時間，勉勵以謙虛的態度，努力學習聖賢的大業；不得自恃高傲，而不知謙卑下學，以免誤人誤己。陽明曰：「謙者眾善之基，傲者眾惡之魁。」[28] 馬高六尺為驕，驕者必敗。惟有以良知之妙，簡易真切，必能日起有功，化腐朽為神奇。 陽明的謙虛為懷，如其人，如其人。不愧為明代的大教育家，大師風範，令世人景仰敬佩。

王陽明的心理輔導

概述

　　生活在明代中晚期的王陽明，其時他是心學家，也是教育家，他沒有受過今日輔導的概念，更鮮少有輔導的技巧，但是傳習錄書中，對於學生有關學生心學的指導與透過對談的指正，卻若現代輔導老師的諮商，使學生對事理得有正確觀念。

　　動靜只是一個氣（性）陽明答周道通，謂性即是氣，氣即是性。孟子從性的本源論說，惻隱、羞惡、辭讓、是非即是氣。程子說：論性不論氣，不備；論氣不論性，不明。此乃學者但執一邊而言，氣、性是不可分也。

---

[27] 《傳習錄校釋》附錄一，〈黃直錄〉頁 211。

[28] 《傳習錄校釋》附錄一，〈黃直錄〉頁 186。先生曰：人生大病，只是一傲字。為子而傲必不孝，為臣而傲必不忠，為父而傲必不慈，為友而傲必不信。。

用心與聞見孰勝？

　　黃城甫問：「汝與回也孰愈（勝）章。」陽明答曰：「子貢多學而識，在聞見上用功，顏子在心地上用功，故聖人問以啟之。而子貢所對，又只在知見上，孔子嘆息之，非許之也。」[29]「顏子不遷怒不貳過。」乃孔子的讚美顏子用心了。

　　陽明又告誡薛侃：「為學大病在好名」。陽明曰：「明與實對，務實之心重一分，則務名之心輕一分，全是務實之心，則全無務名之心。……又說疾沒世而名不稱。……聲聞過情，君子恥之。」侃多悔，陽明曰：「悔悟逝去病之藥，以改之為貴。若留滯於中，則又因藥發病。」[30]

　　學生薛侃問：「儒者到三更時分，掃蕩胸中思慮，空空靜靜，與釋氏之靜只一般，兩下皆不用，此時何所分別？」陽明答曰：「動靜只是一個，那三更時分，空空靜靜的，只是存天理，即是如今應事接物的心。如今應事接物的心，亦是循此天理，便是那三更時分空空靜靜的心。故動靜只是一個，分別不得。知得動靜合一，釋氏毫釐差處亦自莫揜矣。」[31]儒家認為動靜貫穿惟一，無論是動還是靜，三更時分，但存夜氣，只有良知本體的存在。與佛家修道動靜為二不同，動靜心態自然不一。

29　《傳習錄校釋》上，頁 54。
30　《傳習錄校釋》上，頁 51。
31　《傳習錄校釋》下，頁 142。

照心、妄心

王陽明答陸原靜來書云:「下手功夫,覺此心無時寧靜。妄心固動也,照心亦動也,心既恆動,則無刻暫停也。」[32] 按:良心無所謂動靜也。或是恆動恆靜,妄心是指心發起私慾,遮蔽良知。照心即是寧靜明覺的心,所以有恆動恆靜的心。是有意與求寧靜,是以愈不寧靜耳。「夫妄心則動也,照心非動也。……照心固照也,妄心亦照也;其為物不貳,則其生物不息,有刻暫停則息矣。」[33] 除非「誠心」以對,則為無息之學矣。

答顧東橋來書云:「近時學者務外遺內,薄而寡要,故先生特倡誠意一義,針砭膏肓,誠大惠也。」[34] 陽明主張天下萬事萬物的道理,就存在我的心裡,視聽言動便是一物,所以無心外之理,無心外之物。

《中庸》言不誠無物,只有誠意之功,才能格物,格物而後致知。「唯天下至誠,為能盡其性;能盡其性,則能盡人之性;能盡人之性,則能盡物之性;能盡物之性,則可以贊(助)天地之化育;可以贊天地之化育,則可以與天地參矣。」[35] 普天之下,芸芸眾生,只有聖人擁有赤誠的心,才能發揮自然的本性,能夠發揮自然的本性,進而教化一般的眾人,也能使眾人發揮自然的本性;更能夠促使萬物發揮自然的本性,這樣就

---

[32] 《傳習錄校釋》中,頁 93-94。
[33] 《傳習錄校釋》中,頁 94。
[34] 《傳習錄校釋》中,頁 66。
[35] 《中庸》第二十二章。

可以幫助天地化育萬物，如此，天地人三者並立為三了。

動靜只是一個氣（性）明明德就是即物窮理

「吾子洞見時弊如此矣，亦將何以救之乎？然則鄙人之心，吾子固已一句道盡，復何言哉！復何言哉！若誠意之說，自是聖門教人用功第一義。但近世學者乃作第二義看，故稍與提掇緊要出來，非鄙人所能特倡也。」[36] 知止而後有定，定而後能靜，靜而後能安，安而後能慮，慮而後能得。《大學》經過定、靜、安、慮、得的程序，達到明明德，明明德就是即物窮理。

「豈有邪鬼能迷正人乎？只此一怕，即是心邪。故有迷之者，非鬼迷也，心自迷耳。如人好色，即是色鬼迷；好貨，即是好貨迷；怒所不當怒；是怒鬼迷；懼所不當懼，是懼鬼迷也。」[37]

陽明曰：「為何心即理？只為事人分心與理為二，故便有許多病痛。如五伯攘夷狄，尊周室，都是一個私心，便不當理。……分心與理為二，其流至於伯道之偽而不自知，故我說個心即理，要使之心理是一個，便來心上做功夫，不去襲取於義，便是王道之真。此我立言宗旨。」[38]

---

[36] 《傳習錄校釋》中，頁 66。
[37] 《傳習錄校釋》上，頁 26。
[38] 《傳習錄校釋》下，頁 179。

十八、王陽明的教育設計與課程編訂與教學活動的落實訓蒙大意示教讀劉伯頌等

揭示〈訓蒙大意〉的動機

　　訓，解釋文字意義；蒙，小兒；取其蒙昧無知；訓蒙，說明兒童的率真性情，教育以啟發兒童天真活潑的動力，奠定端正品德為要。藉著誦讀詩歌唱遊嬉樂，讓兒童　在嬉戲快樂的教學過程中，培養天真活潑的真性情，陶冶端端正正的好品德；達到寓教於樂的教學目標。

　　〈訓蒙大意〉係《傳習錄》中一篇敘述：王陽明對於兒童教育思想的宣告。要旨在於明代教育劉伯頌等不重視兒童教育，認為古代的教師，重視人倫教育。後世繼起教育以記誦詞章為主，古代先王人倫教育遂毀於一旦。而今對兒童的教育，應以孝弟忠信禮義廉恥為教育主軸。施教宜以歌詩教材，以誘導為教法，激發兒童意志，學習禮儀，誦讀詩書，以開展智慧。今人常常以歌詩、學習禮儀為不切時務，此皆末俗鄙陋之見，偏離古代聖王立教的宗旨遠甚。王陽明重視兒童教育的施作，瞭解兒童的心理，兒童天真活潑，喜歡遊戲，不喜歡被管教、被約束。兒童就像草木的幼苗，發芽生長，再給予良好的環境

栽培，枝葉繁茂。反之，則摧殘衰敗、槁木死灰。現在的兒童教育，以兒童的心理為導向，用鼓勵替代懲罰，使兒童喜歡來學校、喜歡老師、喜歡上課，就像今日的托兒所、幼稚園。在歡樂氣氛裡，在嬉笑遊戲天堂裡成長，他們的進步成長未可限量。像春風化雨、花木均霑，沒有不自然蓬勃、爭奇鬥艷。若是嚴厲管教，兒童的天真爛漫不再，如花木枯槁、死灰不得復燃矣。在五百多年前封建專制的明朝，王陽明的兒童教育主張，我國歷代教育名家，王陽明應屬第一先師，無人能望其項背。

〈訓蒙大意〉的教育課程及教育功能

歌詩誘之

藉以發展兒童意志，在歌詠中以宣洩兒童的呼嘯吵鬧，應用歌詩美妙的音節，俾使兒童純潔的心靈得以淨化，發揮歌詩的教育功能。孔子告誡兒子孔鯉說：不學詩經，沒有溝通說話的能力。《論語·季氏》孔子說：弟子們！為什麼不學習詩經？讀詩可以激發人的意志，可以考察施政得失，可以溝通大家情意，可以抒發個人的憂怨。近則用來侍奉父母，遠則效忠君王，還能認識很多的鳥獸草木的名稱。《論語·陽貨》因此，有「不學詩，無以言」的缺失。以上說明讀詩的好處。王陽明為何重視詩歌的教學？因為「詩無邪」《論語·為政》兒童天真活潑的啟蒙教育，遊戲嬉鬧、展現純真的笑鬧，藉以培養純正的思想教育。

習禮導之

不只是使兒童儀態端莊,也可以用來教化兒童學習生活禮儀,促進血液循環,而藉著行禮跪拜可以增進身體健康。

讀書諷之

誦讀名篇文章,不只是了解文章的內容而已,也必須反覆咀嚼文句而熟記在心裡,誦讀的音調抑揚頓挫來發揮自己的心志。總之,歌詩、習禮、讀書都是用來發揮自己的心志,調暢自己的性情,漸漸消除自己的無知與吝嗇,不知不覺地改變自己的粗鄙與頑劣,而且讓自己慢慢地接受禮義,而不感到痛苦,不感到困難,我自然的融合其中且心凝形釋,這種情境大概是古代立教的本意。而近代的兒童教育,每天只是管教兒童學習讀書,要求嚴格管教,但是不知道用禮來輔導,則求兒童讀書考試成績優秀,不知道用善良的品德來培養他們,用打罵管教他們,就像對待管教囚犯一樣。受教的兒童進入學堂,就像被關進監牢一樣,有誰願意走進監牢?他們對待老師就像是敵人、仇人一樣,不願意看到老師,不願意見到老師,暗中窺伺老師,躲避老師,以便自己的嘻戲遊樂,他們設計詐騙、詭計多端,放肆的玩樂,他們的行為頑劣寡情,夜以日繼,每況愈下。此乃促使學童走向邪惡,而欲求之向善,教育目標哪裡能夠達到呢?總之,我們的教育設立,它的目標實在於此。我害怕社會風俗不明白,用迂腐不合時宜對待我,況且我也將要離開,所以特別叮嚀告訴你們。你們教育學童,務必體認我的教育目標,永遠遵守不逾。千萬不要因為社會習俗的言論,改變廢除我設立的規矩,希望完成「蒙以養正」的教育目標。記住!記住!

教約

這篇是王陽明針對童蒙教育而創設的具體教學方法。

每日清晨，諸生互相問安，教讀次之

每天清晨，同學相互行禮問好，然後才上課。逐一點名：兒童下課在家，誠心誠意，親愛父母，恭敬長輩，能夠切實做到，不能鬆懈，不能偷懶。確實做到了嗎？在人來人往的街上行走，或快或慢，禮儀做到了嗎？能夠我行我素，放浪形骸，不遵守交通規則、不穿著合儀的服飾嗎？應對的語言，口是心非，能夠做到不欺騙不惡言，能夠做到忠實誠信尊敬他人嗎？所有的學童一定要實實在在地回答，有過失就改正，沒過失就鼓勵。教授讀書需要配合社會的脈動，委婉教誨，發揮教育的功能，然後做到教師、學童的本分。不可揠苗助長，斲喪兒童的天真無邪的真性情，成為中規中矩小老頭兒，是兒童教育最大的失敗。

歌詩教學

每次歌詩教學的時候，首先需要整飭儀容，心平氣和，其次發音練習，使聲音清爽朗唱，都要小心注意音節聲調；不要煩躁而焦急，不要放縱而喧嘩，不要中氣不足而失氣，經過長久時間練習以後，就能夠精神愉快而舒暢，就能夠心平氣和。每學期計算學童人數的多少，編為四班，每天輪流班級歌詩，其餘班級在位見習，容貌嚴肅的旁聽，每經過五天，四個班級輪替歌詩。每月的初一及十五日，就集合全校的學童，在學校一齊唱詩。

習禮教學

　　學習禮儀，需要靜心正慮，注意禮節，斟酌禮儀態度，不要疏忽而怠惰，不要沮喪而慚愧，不要直行而粗野，不慌不忙而不失怠慢，謹慎而不失拘束。經過長久的學習，禮儀嫻熟，德行就堅定了。學童的班級，都像唱詩班級一樣，每隔一天，就輪流一個班級學習禮儀，其他班級都在旁見習，整肅儀容，安靜觀看。學習禮儀的班級，當天停止其他上課。每隔十天，就有四個學童班級輪流學習禮儀。每一月的初一或十五，就召集全校學童在學校學習禮儀。

訂定每日教學課程

　　至於每天的教學，不只是上課很多，最重要的是精簡熟讀，衡量學童的資質，能夠教 200 字的學童，只教 100 字就好了。常常讓學童有多餘的精神力量，就使學童免除厭惡辛苦的學習，卻有自得的美感。在誦讀課文的時候，一定要求專心一志，嘴巴唸著課文，心裡想著課文的意義，有頭緒的反覆誦讀，誦讀的音調抑揚頓挫，俾使心意寬鬆，經常練習，心到、眼到、口到、手到，時間久了，義理自然融洽疏通，學童越來越聰明了。

訂定每日考察項目

　　每天工夫：先考察操行，其次考察讀書，有背書、誦書，其次考察學習禮儀，其次考察課業習作，其次再考察誦書、講書，其次考察歌詩。總之，學習禮儀、歌詩的課程，都是常常使學童記在心裡，讓學童喜歡學習而不感到討厭，使學童沒有空閒去做邪惡的事情。老師應該知道這些功課的重要，就知道上課的重責大任了。雖是如此，這是學童上課的大概學程：神而明之，就存在學校師生的心裡。

十九、〈教條示龍場諸生〉王陽明的悟道而以道傳人

　　武宗正德元年（1506 年）時王陽明 37 歲，以上書救戴銑等，忤宦官劉瑾，廷杖幾死，貶為貴州龍場驛丞。這是未曾開發荒野的不毛之地，困頓的環境，痛苦不堪，是給於自己歷年的迭遭橫逆，日夜省思，豁然頓悟：如孟子所言，「人恆過，然後能改；困於心，衡於慮，而後作；徵於色，發於聲而後喻。」[1] 史稱龍場悟道。

立志

　　王子墊問曰：士何事？孟子曰：「尚志」。問：「何謂尚志？」孟子曰：「仁義而已矣。殺一無罪，非仁也；非其有而取之，非義也。居惡在？仁是也。路惡在？義是也。居仁由義，大人之事備矣。[2] 君子之所以教者五：有如時雨化之者，有成德者，有達財者，有答問者，有私淑艾者。此五者，君子之所以教也。[3]

　　陽明曰：「志不立，天下無可成之事。」〈學記〉有言：「凡

---

[1] 《孟子‧告子下》
[2] 《孟子‧盡心上》
[3] 同註 2

學，官先事，士先志。」《禮記》卷十八，陽明教學以立志為先，乃秉持儒學之遺訓。

　　陽明起筆即說明立志的重要，由負面起論，語詞簡潔而鏗鏘有力，石破天驚而聳動人心。讀書人不知努力向學，「業精於勤荒於嬉，行成於思毀於隨」，則浪費時間貪玩嬉戲，〈朱熹〉有詩曰：「少年易老學難成，一寸光陰不可輕。未覺池塘春草夢，階前梧葉已秋聲。」時光易逝，倏乎耄耋忽焉已至，一事無成，徒呼奈何！所以陽明有鑑於此，遂有學子的學問不得長進，只是未立志。[4]

　　立志的做法，極為簡單：只念念要存天理，不可或忘。立志而聖則聖，立志而賢則賢。讀書人一念為善之志，如種樹，但勿助勿忘，只管持續培植，自然日夜滋長，生氣日盛，枝葉日年茂，亦須修剪枝葉，然後根幹才能壯大。初學時候是如此，故立志貴專一。專一即陸澄問立志。陽明曰：「只念念要存天理，即是立志。能不忘乎此，久則自然心中凝聚，猶道家所謂結聖胎也？。此天理之念常存，馴至於美大聖神，亦只從此一念存養擴充去耳。」[5]「非淡泊無以明志，非寧靜無以致遠」，諸葛亮的〈誡子書〉。縱觀我國歷史，萬般皆下品，只有讀書高。讀書目的，在乎科取，在乎一官半職，求得功名利祿，光耀門楣。所以「立志其上，得乎其中；立志其中，得乎其下。」先見之明，古有明訓。宋真宗〈勸學詩〉：「富家不用買良田，書中自有千鍾粟。安居不用架高堂，書中自有黃金屋。出門莫

---

[4]　《傳習錄校釋》下，頁154。
[5]　《傳習錄校釋》上，頁17。

恨無人隨，書中車馬多如簇。娶妻莫恨無良媒，書中自有顏如玉。男女欲遂平生志，六經勤向窗前讀。」

　　薛侃問：「持志如心痛，一心在痛上，安有工夫說閒語，管閒事？」陽明曰：「初學工夫，如此用亦好；但要使知出入無時，莫知其鄉（向）。心之神明，原是如此，工夫方有著落。若只死死守著，恐於工夫上又發病。」[6]

　　陽明認為：「凡學之不勤，皆因立志不篤故也。」何廷仁、李侯璧、汝中、德洪侍坐。陽明顧而言曰：「汝輩學問不得長進，只是未立志。洪初聞時，心若未服，聽說到，不覺悚汗。」[7] 不立志，如無繫之馬，無舵之舟。人若不立志，無可成之事，無可成之學。我的學生，我不認為聰明敏捷就是好，我認為勤勉謙虛才是好學生。如果學生以「虛而為盈，無而為有；諱己之不能，忌人之自善，自矜自是，大言欺人者，使其人資稟雖超邁，儕輩之中，有弗疾、鄙賤者乎？」〈教條示龍場諸生〉至於謙卑自處，篤志立行，勤奮好學，欣賞別人的長處，責備自己的缺失，雖是資質魯鈍，誠實忠厚，必然獲得同學的稱讚。

勤學

　　陽明答顧東橋書：「近時學者務外遺內，博而寡要，故先生特倡誠意一義，針砭膏肓，誠大惠也。誠意之說，自是聖門教人用功第一義。」[8]

6　《傳習錄校釋》上，頁45。
7　《傳習錄校釋》下，頁154。
8　《傳習錄校釋》上，頁66。

　　王充《論衡》有言；董仲舒讀《春秋》，專精一思，志不在他，三年不窺園菜。夫言三年不窺園菜。實也，言三年，增之也。〈儒增〉。其記載是董仲舒的治學刻古專心。以啟世人。

　　管寧，（158-241），管仲後代，字幼安，東漢北海人，漢宋高士。嘗與華歆同席讀書，有乘軒冕過門者，寧言堂如故，歆廢書出門看。寧割席分坐。案管寧的專注讀書，華歆的浮躁不安。讀書貴在專一。

　　守衡[9]問大學工夫，陽明答只是誠意。守衡再問如何做到？陽明曰：要有自思得之。守衡再三請，曰：「為學功夫有淺深。初時若不著實用意去好善惡惡，如何能為善去惡？這著實用意，便是誠意。」[10]少年讀書，如隙中窺月；中年讀書，如庭中望月；老年讀書，如台上玩月。讀書之領略，欲得書中的滋味，與個人的人生閱歷、才學的深淺，厥為關鍵。

　　陽明曰：「學者學去人欲，存天理。」[11]陽明謂學者曰：「為學須得個頭腦功夫，方有著落。」[12]日間工夫，覺紛擾則靜坐，覺懶看書則且看書，是亦因病而藥。[13]因此，立志只是堅持一個善念，做到從心所欲而不逾矩。顏真卿：「三更燈火五更雞，正是男兒讀書時。黑髮不知勤學早，白首方悔讀書遲」〈勸學〉因此，一分耕耘，一分收穫，未必；九分耕耘，會有收穫，一定。韓愈：「書山有路勤為徑，學海無涯苦做舟。」《增廣賢文》

　　陽明曰：「為學大病在好名。……聲聞過情，君子恥之。」

9　　守衡，王陽明學生，生平不詳。
10　《傳習錄校釋》上，頁58。
11　《傳習錄校釋》上，頁53。
12　《傳習錄校釋》上，頁50。
13　《傳習錄校釋》上，頁17。

又曰：「疾沒世而名不稱」。[14] 子曰：「君子病無能焉，不病人之不己知也。所以躬自厚而薄責於人，則遠怨矣。孟源[15] 有自是好名之病，先生屢責之」。[16]

陽明曰：「諸公在此，務要立個為聖人之心，時時刻刻，須是一棒一條痕，一摑一掌血，方能聽吾說話，句句得力。若茫茫蕩蕩度日，譬如一塊死肉，打也不知痛癢，恐終不濟事。回家只尋得舊時技倆而已，豈不惜哉！」[17]

王陽明答顧東橋：「學、問、思、辨、行，皆所以為學，未有學而不行。」[18] 強調「知行合一」，能知必能行，若學而不能用，是無知也，亦為無用之學也。而學問之道無他，求其「放心」而已。「放心」即「放失之心」。也就是做學問最需要專心致志，得到事半功倍的績效。孟子之言，乃千古不朽的讀書真言。

其次溫故知新，驗證知行合一。[19]

陽明曰：「凡朋友問難，縱有淺近粗疏，或露才揚己，揭示病發。當因其病而藥之可也，不可便懷鄙薄之心，非君子與人為善之心矣」。[20]

「非若後世廣記博誦古人之言詞，以為好古，而汲汲然惟

14　《傳習錄校釋》上，頁51。
15　孟源，字伯生，滁州（安徽滁州市）人。王陽明學生。
16　《傳習錄校釋》上，頁17。
17　《傳習錄校釋》下，頁183。
18　《傳習錄校釋》中，頁73。
19　《傳習錄校釋》中，頁81。
20　《傳習錄校釋》下，頁149。

以求功名利達之具於其外者也」[21]。

陽明曰:「為學須有本源,須從本源上用力,漸漸盈科而後進。」[22] 學而時習之,人不用功,莫不自以為己知。陶潛詩曰:「盛年不重來,一日難再晨。及時當努力,歲月不待人。」(雜詩)

「若不用克己工夫,終日只是說說而已,天理終不自見,私慾亦終不自見。」[23] 學者不要自卑,你不比別人笨。不要自滿,別人不比你笨。孔子曰:「生而知之者,上也;學而知之者,次也;困而學之,又其次也;困而不學,民斯為下矣。」[24]

陽明謂學者曰:「為學須得個頭腦,功夫方有著落。縱未能無間,如舟之有舵,一提便醒。不然雖從事於學,只做個義襲而取,非大本達道也。」[25]。窮人因書而富,富人因書而貴。勤學是走向富貴的大道,或為志高奇絕的名士所不取,如南宋元初詩人翁森〕[26]〈四時讀書樂・春〉:「山光拂檻水繞廊,舞雩歸詠春風香。好鳥枝頭亦朋友,落花水面皆文章。蹉跎莫遣韶光老,人生惟有讀書好。讀書之樂樂如何?綠滿窗前草不除。」此中有真意,欲辯以忘言。 怦然不為所動,芸芸眾生者則趨之若鶩,是非成敗轉頭空,耐人尋味!

21　傳習錄校釋》中,頁 81。
22　《傳習錄校釋》上,頁 22。
23　《傳習錄校釋》上,頁 35。
24　《論語・季氏》。
25　《明儒學案》上,卷 7,〈姚江學案〉。
26　翁森,字秀卿,號一瓢。宋遺民,因不仕元朝,隱居浙江仙居鄉里,遂建書院以講學,弟子達八百餘人。

改過

　　凡人有過，自聖賢所不能避免。所以不犯過最好，有過就必須能改正；若是有過而不能改正，那就是真正的過失了。如果在同輩之中，有人欺詐不實、寡廉鮮恥，而不知改過從善，沒有不被同輩鄙視唾棄的。一旦翻然覺悟、洗滌舊染，不害為君子人了。所以過而能改，善莫大焉。孔子自述「加我數年，五十以學易，可以無大過矣」[27] 易經，古代占卜之書，言處世人生之道。何宴曰：「易，窮理盡性，以至於命，年五十而知天命，以知天命之年，讀至命之書，可以無大過也。」「過而不改，是謂過矣。」[28]

　　子貢曰：「君子之過也，如日月之食焉。過也，人皆見之；更也，人皆仰之。」[29] 孔子用日蝕月虧來比喻正人君子的過失，正人君子鮮少過失，若有過失從不掩飾虛偽，只有改正過失才能無過。因為「十目所視，十指所指，無疾而死」，正人君子不可不留意焉。陽明曰：「悔悟是去病之藥，以改之為貴。若留滯於中，則又因藥發病。」[30] 所以孔子說：「人之過也，各於其黨（類）。觀過，斯知仁矣。」[31]。孔子藉著過失後的態度，來辨識個人的人格優劣了。

---

[27] 《論語・述而》。
[28] 《論語・衛靈公》。
[29] 《論語・子張》。
[30] 《傳習錄校釋》上，頁51。
[31] 《論語・里仁》。

　　而陽明曰：「人生大病，只是一傲字。」[32] 歷代聖賢的人，有許多長處，只是無我而已，無我故能謙，能謙故能善，能善故能不為惡。

　　子夏曰：「小人之過也必文（飾）。」[33]《禮記》有云：「學然後知不足，教然後知困。知不足，然後能自反；知困，然後能自強也。故曰教學相長。」[34] 或為老師或為學生，身分地位雖不同，改過遷善則一也。

　　陽明與黃綰、應良[35] 論聖學久不明，陽明曰：「聖人之心如明鏡，纖翳自無所容，自不消磨刮。若常人之心，如斑垢駁鈍之鏡，需痛刮磨一番，盡去駁鈍，然後纖塵即見。才拂便去，亦不消費力。」[36] 孔子感嘆時人的不知改過，於是乎有：「已矣乎！吾未見能見其過，而內自訟（責備）者也。」[37]

責善

　　朋友之道，忠告善導。欲實行朋友之道的時候，避免揭穿其人的過失，不能痛詆羞辱，若是使其無地自容；使其人雖欲相從，其勢有所不能，反而激其為惡。所以發人隱私以為沽直者，皆非責善。故凡攻我失者，則為吾師也。至於諫師之道，

32　《傳習錄校釋》下，頁 186。
33　《論語・子張》。
34　《禮記・學記》。
35　黃綰，（1480-1554），字宗賢，浙江台州府黃岩縣人（浙江省台州市黃岩區人）。正德進士，官至禮部尚書兼翰林院學士。著有《時四書五經原古名道編、石籠集 等書。 應良，王陽明學生。
36　《傳習錄校釋》附錄，頁 206-207。
37　《論語・公冶長》。

直而不犯，婉而不隱，使我自省，明白自己的是非取捨，以為教學相長。「當仁，不讓於師。」[38] 朱熹曰：「當仁，以仁為己任也。雖師亦無所謙讓，言當勇往而必為也。一個在上位的人，他的才智足以治理國事，如果不能保持仁德，雖然得到高位，必然會失去它。如果才智足以治理國事，又能保持仁德來做事，必能得到人民的尊重。子曰：「為政以德，譬如北辰，居其所，而眾星拱之。」[39]

「夫夫也，惟知責諸人，不知及諸己故也」[40] 一友常易動氣責人，陽明曰：「學須反己。若徒責人，只見得人不是，不見自己非。」[41] 因為不知道自省的人，只看見別人的過失，看不到自己的過失，這是真正的過失。「人非聖賢，孰能無過？過而能改，善莫大焉。」[42]

黃省曾問：「大聖人如何，猶不免於毀謗？」陽明曰：「毀謗自外來的，雖聖人如何免得？人貴於自修，若自己實實落落是個聖賢，縱然人都毀他，也說他不著。卻若浮雲揜日，如何損得日的光明？……孟子說：「有求全之毀，有不虞之譽。」毀譽在外的，安能避得？只要自修何如爾？」[43]

「處朋友，務相下則得益，相上則損。」[44]〕朋友若以謙讓低下相處，君子之交淡如水，則彼此獲益匪淺；若彼此以吹捧逢迎相待，小人之交甘若醴，則彼此損害慘重。鄉愿，德之

38　《論語・衛靈公》。
39　《論語・為政》。
40　《傳習錄校釋》附錄一，頁 194。
41　《傳習錄校釋》下，頁 148。
42　《春秋・宣公二年》。
43　《傳習錄校釋》下，頁 152。
44　《傳習錄校釋》上，頁 17。

賊也，令人痛恨。

因此，若能「躬自厚，而薄責於人，則遠怨矣」。[45]此乃自我整飭，嚴以屬己，寬以待人，惹人怨懟的事就遠離了。如果能夠積極的做到見賢思齊，見不賢而內自省，而重視結交共同興趣嗜好的朋友，就能合乎孔子所主張：「益者三友，損者三友：友直，友諒，友多聞，益矣；友便辟，友善柔，友便佞，損矣。」[46]益友有三種：具有正直、信實、博學多聞的品德的人；損友也有三種：善於逢迎、工於獻媚、口辯不實的人。孔子戒人擇友，以此作為交友的抉擇原則，就能得到益友，摒棄損友。

陽明曰：「以言語謗人，其謗淺；若自己不能身體實踐，而徒入耳出口，呶呶度日，是以身謗矣。凡今天之論我議我者，苟能取以為善，揭示砥礪切磋我也，則在我無非警惕修身進德之地矣。昔人謂攻吾之短者是吾師，師又可惡乎？」[47]良藥苦口利於病，忠言逆耳益於行。若能擇其善者而從之，其不善者而改之，必能補弊，益我良多。杜甫有詩云：「翻手作雲覆手雨，紛紛輕薄何須數。君不見管鮑貧時-交，此道今人棄如土。」〈貧交行〉，「行」古代樂府詩的別稱。盛唐詩聖杜甫感於其世代友情的澆薄，翻臉比翻書還快，言不忠信，行不篤敬，棄守誠信，寡廉鮮恥，倫理蕩然，秩序崩頹。詩人為之憂心，書寫管鮑的知心之交，以告誡世人，喚醒人心。因為無恥的人，鬼見了都害怕。何況於人呢？

<hr>

[45] 《論語·衛靈公》。
[46] 《論語·季氏》。
[47] 《傳習錄校釋》中，頁92。

君子好學惟求其是

「心即理」是陽明心學的一個重要課題〈心本論〉，也是「致良知」與「知行合一」的基礎。心，金文，做圖形如心臟，小篆做見，《形音義大字典》所以心字解釋多義：（1）思也，即思想。（2）人的本性（3）古代誤以為心主思想，遂相沿以心為腦之代稱，所以心想就是腦想。（4）、心臟的略稱，亦稱心。本文的心字以思想或人的本性為正解。陽明說：「心不是一塊血肉，凡知覺處便是心，如耳目之知視聽，手足之知痛癢，此知覺便是心也」。[48]

王陽明透過龍場悟道，終於明白「聖人之道，吾性自足（34歲）。向之求理於事事物物者誤矣。」他認為至善為心之本體，是純乎天理之極，天理不是具體事物一樣存在，因而不能在具體事物上探求。「心即理，要使知心理便是一個，便來心上做功夫，不去襲義於義外，便是王道之真，此我立言宗旨也。」註[49]？又說：「心即理也，學者，學此心也；求者，求此心也。」[50]

王陽明答陸原靜：「性一而已，仁義禮智，性之性也；聰明睿知，性之質也；喜怒哀樂，性之情也；私欲客氣，性之蔽也。質有清濁，故情有過不及，而蔽有淺深也。」[51]質言之，私欲客氣，一病兩痛，不是兩種東西，如張良、黃憲、諸葛亮、

---

[48] 《傳習錄校釋》下，頁180。
[49] 《傳習錄校釋》下，頁179。
[50] 《傳習錄校釋》中，頁81。
[51] 《傳習錄校釋》中，頁104。

韓琦、范仲淹，[52] 都是與生具有天質之美，自然與道妙合；但不可以為名其知學，只能聞道而已，然而他們都是有學道，離道不遠罷了。如果他們聞學知道，就是伊尹、傅說、周公、召公之輩了[53]。良知人人與生而有，聖賢之所以成為聖賢，愚劣之所以成為愚劣，期間之所以有天壤之別，乃因物欲牽蔽良知與否而已，若能去人欲，存天理，保有善性，人人皆可以為堯舜。

孔夫子說：「性相近」，《論語・陽貨》。即孟子說良知、良能，不學而知、不學而能者而主張性善。人初生時，善原是相同的，但後天習剛則為剛善，習惡則為剛惡。習柔則為柔善，習惡則為柔惡，性便相遠了。此說為氣質之性，[54] 言張載將性分為天地之性（至善）〈與氣質之性（剛柔）兩種。似乎接近告子性可以為善性可以為不善的說法，人性隨著後天環境的良窳而改變，習相遠也。若夫天命之性，則為不變。

陽明答羅整庵少宰書[55] 曰：「夫理無內外，性無內外，故學無內外也。講習討論，未嘗非內也；反觀內省，未嘗遺外也。夫謂學必資於外求，是以己性為有外也，是義外也；謂反觀、內省為求之於內，是以己性為有內也，是有我也，是私者也；是皆不知性之無內外也。故曰：精義入神，以致用也；利用安身，以崇德也；性之德也，合內外之道也。」[56] 此為格物之學。

---

52 同註 51。
53 同註 51。
54 李生龍《新譯傳習錄》，頁 554。
55 羅整庵即羅欽順（1465-1547）字允升，號整庵，江西泰和人。弘治進士，官至南京吏部尚書，明代程朱理學的重要代表人物，著有《困知記》。。
56 《傳習錄校釋》中，頁 114。

故格物者，格其心之物，格其意之物，格其知之物；正心者，正其物之心，誠意者，誠其物之意，致知者，致其物之知，豈有內外彼此之分？

二十、王陽明教育思想對近代的影響

明朝初期的教育施作

　　朱元璋（1328-1398）。因生逢戰亂頻仍的元朝末年，不得讀書。居無定所，曾為放牛工作，又寄食於廟中，但求溫飽。後投靠郭子興，異軍突起，平定南方。乃率領大軍，驅逐蒙古人，建立大明王朝。

　　朱元璋統一中國以後，初期實施愚民政策，刪除孟子書中的民主思想章節，大力主張程朱理學。且明太祖在殿試中，親自策題或面試把關。明朝中、後期，民間思想的解放運動興起。王陽明的心學大行其道，學生王艮[1] 李贄[2] 繼起，席捲時代潮流。而陽明提倡心學的「致良知」，即以儒家孔孟思想為中心，復以忠孝仁義信誠等作為修身道德，掌握自我省察辨別是非的功能，陽明對於教育的實行，特別重視啟蒙教育，如今日的幼

---

[1]　王艮（1483-1541）字汝止，號心齋，東台安豐場（今東臺安豐鎮）人。陽明 學生，隨父親王守庵到山東祭拜孔廟時，認為夫子亦人也，我亦人也，聖人者可學而至。王艮自我主觀意識堅定，不遵循陽明的師說，自我主張，又不拘泥傳注，自創淮南格物說，主張即事是學，即事是道。而創立泰州學派。。

[2]　李贄（1572-1602）福建泉州府晉江縣人。父林駑，泉州巨商。李贄個性自幼倔強，師王艮兒子王襞，是王艮再傳弟子，獨立思想，反對傳統觀念，為泰州學派一代宗師。重商抑農，倡功利主義。晚年被誣下獄，自刎於獄中。著作：《焚書》、《續焚書》。

兒教育，見於〈訓蒙大意示教讀劉伯頌等〉及〈教約〉[3]

　　明末朝廷政治腐敗，激化社會風氣，造成社會動盪不安，邊界戰爭不息，國家內部人民暴動激化；而黃宗羲[4]，王夫之[5] 本書等主張人性善惡不分，於是教育應用知識，選擇趨利避害，社會缺少公理正義，唯利是圖，漸漸形成資本主義的風氣盛行。顧憲成罷官以後，在東林書院講學，捲入政治鬥爭，於是原有教育功能漸漸變調，逐漸式微。

王氏家法，滿街都是聖人

　　儒家對聖人的崇拜與聖人人格的平民化，淵源有自孟子「人皆可以為堯舜」《孟子‧告子下》而荀子曰：「塗之人皆可以為禹。」（性惡）到宋代周敦頤倡導「聖可學而至」《通書‧聖學》到宋朝的儒家遂有內聖外王的倡議，周敦頤說：「若能涵養此心，便是聖賢。」王陽明則謂「良知即是道」，且「良知無間於聖愚」，拓展到「滿街都是聖人」，人人可學而至。所以王陽明將聖人的人格與道德的實踐，是儒家內聖外王的轉折關鍵，儒學的發揚光大，成為社會安和樂利的中流砥柱，源遠流長，功不可沒。

　　王陽明對仙家的說虛，佛家的說無，一概否認。陽明提出以儒家思想為主軸的聖人必備的條件，曾說：「聖人只是還他良知的本色，便不著些子意在。良知之虛，便是天之太虛；良

---

[3] 《傳習錄校釋》中，頁128-29。
[4] 黃宗羲，〈本書，十、王陽明的理學思想對後代的影響〉。
[5] 王夫之，同註4。

知之無形，便是太虛之無形。日月風雷，山川民物，凡有貌象形色，皆有太虛形色，皆在太虛無形中發用流行，未嘗做得天的障礙。聖人只是順其良知之發用，天地萬物，俱在我良知發用流行中，何嘗又有一物超於良知之外，能做得障礙？」[6] 陽明的認知聖人的條件，就是良知。良知乃人人與生而有，依此推論，人人皆可以為聖人。若良知不備或為私欲蒙蔽，則失去聖人必備的基本條件，則難為矣。王艮的弟子王襞而再傳弟子韓貞出身微寒，但立志聖人之學，倡道畫俗，作詩一首曰：「故知野老能成聖，誰道江魚不化龍？自是不修修便得，愚夫堯舜本來同。」[7]

致良知的明覺，實現誠信的人格教育

王陽明與陸九淵都是反對程朱學派的本體論，但王、陸確屬於心理本體論的學者。尤其王陽明在提升致良知作為道德的實踐，獲得劉宗周的肯定與稱讚，亦有評議修正。

劉宗周：「先生承絕學於詞章訓詁之後，一反求諸心，而得其所性知覺曰：因示人以求端用力之要，曰：致良知。良知為知，見之不囿於聞見；致良知為行，見行，不滯於方隅。即知即行，即心即物，即動即靜，即體即用，即工夫即本體，即下即上，無之不一，以教學者支離眩鶩、務華而絕根之病，可

---

[6] 《傳習錄校釋》下，頁157。
[7] 《韓樂吾詩集‧勉朱平夫》，韓樂吾，字以中，號樂吾，興化人。以陶為業，慕朱樵而從之學，後乃卒業。

謂震霆啟寐劣耀破迷，自孔孟以來，未有若此深切著明者也。」
[8]

王陽明的知行合一與做中學的教育

　　知行合一與做中學，是心學與教育的重要連結。王陽明曾經回答學生黃直談「知行合一」，陽明說：「知行合一」正要人曉得一念發動處，便即是行了。將不善的念頭克倒，需要徹底根除，不使不善念頭潛藏在心中，不善的念頭即是不行（不做）的念頭，其立言宗旨即是行（做）了。」[9]教學最重要是即知即行。與美國教育學家杜威的「做中學」理念完全一致。

　　陽明學生周道通來書說是上磨練，一日之內，不管有事無事，只一意培養本源。陽明答曰：「凡處得有善有未善，及有困頓失次之患者，皆是牽於毀譽得喪，不能實致其良知者，……自賊其良知者也。」[10]文中本源泛指良知，良知不存，則事牽於毀譽得喪，則處事欠當，知行不一，不達立言宗旨。

　　美國教育學家杜威，（1859-1952）心理學家，哲學家，實用主義的集大成的代表人物。探討人類心靈的認知過程與思想方法，奠定實用主義教育哲學的引論基礎。對於教育強調「做中學」的進步主義代言人，與王陽明倡議知行合一的心學理論不謀而合，相互呼應，積極推動社會改革，提倡民主政治思想，

---

[8]　《明儒學案・師說》《黃宗羲全集》第七冊，頁14，《陽明學綜論》吳光主編，頁349。
[9]　《傳習錄校釋》下，頁140。
[10]　《校釋傳習錄》中，頁91。

居功厥為。

孫文藉「知難行易學說」完成革命建國大業

　　這是《孫文學說》的主張，所以《孫文學說》又名《知難行易》。《孫文學說》係孫文親筆寫作，包括《實業計劃》，《民權初步》合為《建國方略》，又稱《心理建設》。完成於 1919 年 5 月 20 日出版。其時國父孫文已完成推翻滿清、建立民國的革命大業。〈心理建設自序〉：「夫國者人之積也，人者心之器也，而國事者，一人群心理之現象也。是故政治之隆汙，係乎人心之振靡，吾心信其可行，則移山填海之難，終有成功之日；吾心信其不可行，則反掌折枝之易，亦無收效之機。何以革命事業之難，終於成功；而國事治理之易，竟無收效之日。乃國人人心之振靡，信其可行，化難為易，必成；不信其可行，則化易為難；難易成敗完全在於個人的立志。」「知易行難」在乎心理建設也，參加革命是容易的事，為何要革命是不易了解的道理。所以國父乃提倡「知易行難」的哲學思想，強調「行」的重要，鼓勵國民積極參加革命的行列，以達到推翻滿清封建王朝，創立民國的民主制度。

　　人類文明不斷發展的過程：（一）草昧進入文明，是不知而行時期。（二）文明再進文明，是行而後知時期。（三）知行合一，知與行並進不悖。（四）科學發明時期，不知亦能行。孫文以八個章節用十件事說明知易行難：飲食、用錢、作文、建屋、造船、築城、開河、電學、化學、進化等。說得頭頭是道，顛撲不破，視為當代最得力的心理建設，激發國民為建國

大業而齊力以赴。因行難更需要加倍努力去做，再次強調「行」的重要性。《孫文學說》乃受到王陽明「知行合一」思想的深入影響。

王陽明心學到力行從事教育實學

中國自古以來，儒家聖哲莫不提倡力行哲學的概念，從萬世師表的孔子就倡言，到宋明理學家都是勉勵讀書人以此為貴，孔子說：「好學近乎知，力行近乎仁，知恥近乎勇。知斯三者，則知所以修身；知所以修身，則知所以治人；知所以治人，則知所以治天下國家矣。」[11] 孔子主張身體力行實現仁德，進而推廣到治理國家的政治實踐。孟子有言：「子力行之，亦以新子之國。」[12]《論語》記載好勇過人的子路，「子路有聞，未之能行，唯恐有聞。」[13] 意謂唯有力行，才可以知道。而王陽明說：「知之真切篤實處即是行，行之明覺精察處即是知，真知即所以為行，不行不足以謂之知，致知之必在於行，而不行不可以為致知也，明矣。」[14]

說明王陽明的力行思想來源，淵源有自。致知與力行，缺一不可。

立志為聖則聖，立志為賢則賢

王陽明答陸原靜：「清心寡欲作聖之功畢矣。欲寡欲則心

11　《中庸·第二十章》。
12　《孟子·滕文公上》。
13　《論語·公冶長》。
14　《傳習錄校釋》中，〈答顧東橋書〉，頁68。

自清，清心非舍人事而獨居求靜謂也。蓋欲使此心純乎天理，而無一毫之欲之私耳。志欲未萌洗蕩於眾欲未萌之先，則又無所用其力，徒使此心知不佳，且欲未萌而搜剔以求去之，事猶引犬上堂而逐之也，愈不可矣。」[15] 陽明認為人人可以為堯舜，堯舜是儒家最崇敬的聖王，而陽明認為人人可以做到，其故安在？因為聖人是人，聖人是後天學習可以實踐做到，不是與生具有的天賦，其於個人沒有貪婪的物質慾望，保持寡欲的心境，自然清靜不被物質欲望所蒙蔽。孫文在知行總論第五章將人類區分為三系人，相互為用：（一）先知先覺的發明家（二）後知後覺的實行家（三）大多數懵懵懂懂的模仿做事的人。因此，立志為聖則聖矣，立志為賢則賢矣。王氏家法，無事時，將好色好貨好名等私，逐一追究，搜尋出來，一定要扒去病根，永不復起，方始為快。這是我醫人的方子，真是去得人的病根。

今誠得豪傑同志之士，扶持匡翼，共明良知之學於天下，使天下之人皆知致其良知。以相安相養，去其自私自利之蔽，一洗讒妒勝忿之習，以濟於大同，則仆之狂病，固將脫然以愈，而終免於喪心之患矣，豈不快哉！

士農工商異業而同道

陽明曰：「學校之中，為以成德為事，而才能之異，或有長於禮樂，長於政教，長於水土播植者，則就其成德，而因使益精其能於學校之中。迨夫舉德而任，則使之終身居其職而不

---

[15] 《傳習錄校釋》中，頁 100。

易。用之者為知同心一德，以其安天下之民，視之才之稱否，而不以崇卑為輕重，勞逸為美惡：效用者惟知同心一德，以共安天下之民，苟當其能，則終身處於繁劇而不以為勞，安於卑瑣而不以為賤。當是之時，天下之人熙熙皞皞（音號光明潔白貌），皆相視如一家之親。其才質之下者，則安其農工商賈之分，各勤其業，以相生相養，而吾有乎希慕外之心。其才能之異，若皋、夔、稷、契者，則出而各效其能。若一家之務，或營其衣食，或通其有無，或備其器用，集謀并力，以求遂其仰事俯育之恩，惟恐當其事者之或怠而重己之累也。」[16] 士農工商為古代職業分類，管子：農業為本，商工富國：凡治國之道，必先富民，民富則易治耶，民貧則難治也。四民乃國之礎石也。其時各有管理制度，調理有序。管子對四民的管控，依職業類別分配居住地方：士人住在清靜的地區，工匠住在官府，商人住在市場，農人住在田野，四民分業論就工作定居，彼此易於溝通，增進情感交流，有助於工作知識的吸收。管子對於經濟有別於他人的見解，鼓勵諸侯國家奢侈花用，藉此刺激經濟，消耗財力，削弱諸侯間的抗爭實力，世稱「貴虛之術」。而管子的治國，則以農為本，倉廩實則知禮節，衣食足則知榮辱，四維既張，國乃復興。管仲治國以民為本，政之所興，在順民心；政之所廢，在逆民心。民心的向背，厥為國家興亡的關鍵，歷久不變，當代民主國家的政治，猶是不離其宗。[17] 陽明認為學校教育以「成德」為首要目標，人人以「致良知」為實踐功

16　《傳習錄校釋》中，頁 85。
17　《管子與晏子春秋治國思想比較研究》，頁 50-51 邵先鋒著，齊魯書社，2008.05。

夫,則人人可以為聖人。而職業教育依士農工商的分科教育,而以材質高低為準則,遂有「萬般皆下品,惟有讀書高」觀念,置入人心,形成觀念的偏頗,就今日就業型態觀之,是陽明始料未及的事。

陽明在〈節庵方公墓表〉說:「古者四民異業而同道,其盡心焉一也。士以修治,農以具養,工以利器,商以通貨。各就其資知所近、力之所及者而業焉,以求近其心。其歸要在於有益於聖人之道,則一而已。」[18]

王陽明認為追求個人心中的聖賢,其實是人人心中的良知。至於社會上依職業分類為士農工商,據說始於管仲。在明朝中葉的社會,農工商等各行各業因生活的需要,蓬勃發展,陽明的觀察,士農工商都是個人從事工作的扮演角色,只要致良知的實踐,就是聖賢。

陽明說:「人胸中各有個聖人,只自信不及,都自埋倒了……此是爾自家有的……眾人皆有之。」[19] 答聶文蔚:「良知之在人心,無間於聖愚,天下古今之所同也。」[20] 此為人性本善的終極表現。但求去私慾、存明覺即可實踐完成聖人的必備條件。

王陽明答顧東橋書:「良知良能,愚夫愚婦與聖人同;但為聖人能致其良知,而愚夫愚婦不能致其良知,此聖愚之所由分也。」[21] 王陽明心學是聖凡等量齊觀,有為者亦若是。

---

18 《王陽明全集》卷二十五,頁941。
19 《傳習錄校釋》下,頁135。
20 《傳習錄校釋》中,頁118。
21 《傳習錄校釋》中,頁79。

　　陸九淵體認古往今來，聖人與聖人之間都是同心同理。他說：「千百世之上至千百世之下，有聖人出焉，此心此理，亦莫不同也。」《陸九淵年譜》提出心同理同，把聖人之心與理，擺在等同德的位置上，如此，心與理幾乎被客觀化，普遍化而絕對的存在，人人都有一顆相同的心。由此，認為聖人之心與凡人之心的理，本心並無不同。

　　陸九淵的聖人與眾人平等思想，後來遂成為王陽明滿街都是聖人的先河。

　　周道通問：「學者做工夫，需要先認得聖人氣象。」王陽明答：「體認聖人氣象，必須要有頭腦，才能體認做聖人的功夫。自我良知的真切體認著手，若不如此，則如無星之稱而權輕重，又如未開之鏡而照妍媸，此所謂以小人之腹而度君子之心。」自己良知本同於聖人，如果明白自我良知，則聖人氣象不在聖人而在我自己了。

王陽明的良知平等觀

　　社會職業分工，與傳統儒家不同，衍生黃宗羲的「工商皆本」，與當代生產勞作現代化，社會資本家的興起，萬般皆下品，唯有讀書高的傳統觀念，不再是人民心目中唯一的殊榮，行行出狀元，各行各業各佔鰲頭，社會走向實用主義。從理學觀點而言，從事職業只要有益於人生之道，士農工商四者皆為平等，故曰四民異業而同道。

　　古者四民異業而同道，其盡心焉而已。士以修治，農以具養，工以利器，商以通貨，各就其資之所近，力之所及者而業

焉，以求盡其心，其歸要在於有益於人生之道，如是耳。隨著
人類文明的進步，社會的分化愈多愈是精細，工作分類不斷地
增加，除了地球上的工作項目增加，如太空旅遊，AI 機器人的
工作，近日送貨快遞的崛起。：又如移工需求，日趨迫切，人
口的流動，隨著各國各地的不同需求，相互往來，形成地球村。
不因種族、膚色、語言、地區的隔閡，人人與生都有的良知並
無不同，自然的融合，人人平等。

有教無類春風風人

　　錢德洪記載，曾見先生送二三耆宿出門，退坐於中軒，若
有憂色。德洪趨進請問，陽明曰：「頃與諸老論及此學，真圓
鑿方柄，此道坦如道路，世儒往往自加荒塞，終身陷荊棘之場
而不悔，吾不知其何說也！德洪退，謂朋友曰：「先生悔人，
不擇衰朽，仁人憫物之心也。」[22]《論語》記載教誨的道理，
「互鄉難與言，童子見，門人惑。子曰與其進也，不與其退也。
唯何甚？人潔己以進，與其潔也，不保其往也！」[23]《論語‧
述而》住在互鄉的人，是一個很難溝通的講理的，有一個小孩
求見，孔子欣然接見。弟子們感到疑惑不解。孔子說：「我贊
許他的上進，不贊成他的退後。又何必太過分呢？一個人能夠
潔身自愛以求上進，我贊成他的上進表現，不去計較過去行為
的好壞。」孔子的教誨不計較個人行為過失而不予教誨，所以
不愧為萬世不朽的偉大先師。從事教育工作者宜立志若此，視

---

[22]　《傳習錄校釋》下，頁 186。
[23]　《論語‧述而》。

學生如己出，乃得如沐春風之教。

　　鄒謙之曾語德洪曰：「舒國裳曾持一張紙，請先生寫拱把之桐梓一章。先生懸筆為書。子到至於身而不知所以養之者，故而笑曰：「國裳讀書中過狀元來，豈誠不知身之所當養，還須誦此以求警！一時在侍諸友皆惕然。」語出《二程遺書》卷十五。[24]

　　陽明曰：吾與諸公講「致知格物」，日日是此，講一二十年，俱是如此。諸君聽吾言，實去用功，自覺長進一番。否則只做一場話說，雖聽之亦何用？《校釋傳習錄》下，王陽明感慨講學「致知格物」日久，若不做到「知行合一」，只是徒勞無功，猶學而不行，仍然不知也。

---

[24]　《傳習錄校釋》下，頁187。

二十一、《四庫全書》評王陽明

「王守仁勳業氣節，卓然見諸施行，而為文博大昌達，詩亦秀逸有致，不獨事功可稱，其文章自是傳世也。」

「終明之世，大臣用兵制勝，未有如王守仁者也。」《明史》日本與西方強國分庭抗禮，歸功於明治維新的成功。此乃陽明學強調人的精神力量和意志實踐，以實際行動改變社會。促使社會政治清明、經濟發達，安居樂業，人民生活祥和安定。獲得日人的讚譽有加。王陽明的畢生功業，遺作不朽長存天地間，生命輝光普照世人心。

三不朽的歷史淵源及其意義

《左傳》襄公二十四年（西元前 549 年），魯國叔孫豹出使晉國，晉國正卿范宣子出迎。問叔孫豹，古人有云：「死而不朽，何謂也？〉移時未對，宣子言：「太上有立德，其次有立功，其下有立言。雖久不廢，此之謂不朽。」孔穎達疏：「立德，創制垂法，博施濟眾；立功，拯厄除難，功濟於時；立言，言得其要，理足可傳。」

立德，創制垂法，博施濟眾 。王士禎評王文成公為第一流人物，立德、立功、立言，皆居絕頂。

立德，滿街都是聖人

　　陽明「更有滿街都是聖人」的說法。[1]積極發揚良知的學說，鼓勵世人的行善，人人皆可為聖人，是人生的終極目標。

　　子曰：「鄉愿，德之賊也！」[2]按孔子認為鄉里外表謹厚的人，貌似君子而內心巧詐的偽君子，最是戕害道德的敗類的人。而孟子亦有「閹然媚於世者」的遣責。又詳細回答弟子萬章說：「非之無舉也，刺之無刺也；同乎流俗，合乎汙世；居之似忠信，行之似廉潔；眾皆悅之，自以為是，而不可與入堯舜之道，故曰德之賊也。」

　　子曰：「不得中行而與之，必也狂狷乎！狂者進取，狷者有所不為也」[3]孔子說得不到行為合於中庸之道的人在一起，退而求得次一等狂狷的人，狂放者好高騖遠的而有進取心的人。陽明謙恭自認為做到中庸的聖人，但要求自己做到勇於進取的人，努力不輟。王陽明是明朝的思想家、軍事家、文學家、心理學家、教育家、哲學家。

　　正德十五年六月啾啾蟲（1520 年）

　　「知者不惑仁不憂，君胡戚戚眉雙愁。信步行來皆坦道，憑天判下非人謀。用之則行舍則休，此身浩蕩浮虛舟。丈夫落落掀天地，豈願束縛如窮囚？……人生達命自灑落，憂逸避毀

---

[1]　《傳習錄校釋》下，頁 172。
[2]　《論語‧陽貨》、《孟子‧盡心下》。
[3]　《論語‧子路》。

徒啾啾。」[4]

　　陽明以為聖人之道，在於「去人欲，存天理」而已，存天理就是保有赤子之心，與生俱有的天賦良知。聖人之所以為聖人，乃因聖人天生睿智，不為後天環境所困而喪失良知，自然而然得之。良知人人與生皆有，所以陽明遂有滿街都是聖人的達觀理念，人人為之不為私欲所遮蔽，人人皆可學而成聖人，此孟子認為人人皆可以為虞舜，為善人也。「孟子曾感嘆虞舜是個人，我，也是個人；舜成為天下人的榜樣，德澤流傳到後代。我不免只是一個平平凡凡的人，這就是我的憂愁；憂愁如何？學舜罷了。」王陽明贈夏東巖詩：「鏗然舍瑟春風裡，點也雖狂得我情。」夏東巖答詩：「孔門沂水春風景，不出虞廷敬畏情。」[5]沂水春風」見於《論語・先進篇》：曾點回答孔子說明己志，曰，「暮春三月，春服既成，成年五、六人，童子六、七人，在沂水洗洗水，在舞雩下吹吹風，唱著歌回家去。孔子聆聽以後，感嘆地說，我贊同曾點的志向。」黃以方記載陽明經歷：「在夷中三年，頗見得此意思，乃知天下之物，本無格者。其格物之功，只在身心上做，決然以聖人為人人可到，便自有擔當了。」[6]孔子重仁，孟子倡義，陽明守誠；皆為儒學而終身不逾，並列為為儒學之代表人物。《傳習錄》1602年傳入日本，1650在日本出版流行，而有日本的明治維新的改革成功。陽明思想之實踐，功不可沒。高瀨武次郎說：「我邦陽

---

[4] 《王陽明全集》，頁784。

[5] 吳光主編《陽明學綜論》，頁31，中國人民大學出版社，2009.10，第一版。

[6] 《校釋傳習錄》下，頁178。

明學之特色，在其有活動的事業家，乃至維新諸豪傑震天地之偉業，殆無一不由於王學所賜予。」日本的明治維新是使日本邁向現代化，奉王陽明「知行合一」之所賜，功不可歿。

立功，拯厄除難，功濟於時

通權達變

其為道也屢遷，變動不居，周流六虛[7]，上下無常，剛柔相易，不可為典要，惟便所適。[8]

詆毀、挫折面前，能化一切不利因素為有利因素，是為真本事。君子友我，小人資我，艱難困苦造就我，豁達的人生態度，以為處理一切不順事務。陽明上九華山曾以文紓意曰：「吾誠不能同草木而腐朽，又何避乎群喙之啄啄。」弘治五年（1492年）秋，陽明參加科考中式舉人。次年赴京會試，落榜不第，失望而不失志。李東陽安慰說：「汝今歲不第，來科必為狀元，試作來科狀元賦」。陽明一時興起，援筆立就，眾人叫好不已。次年，依然落榜；有人以為無臉見江東父老。陽明遂以「世以不得第為恥，吾以不得第動心為恥。」陽明以健康的心態，面對失意的世事，愈挫愈奮，努力不懈，「俯仰天地間，觸目俱

7　周流六虛，指周易也。易六十四卦，每卦六爻。爻分陰陽。卦分陰陽，每卦之爻變動無定，故爻為虛偽。易繫辭下：「易之為書也不可遠，為道也屢遷，變動不居，周流六虛。」韓康伯註：「六虛，六位也。」孔穎答疏：「言陰陽周遍流動」。

8　《校釋傳習錄》下，黃以方。

9　《全集》卷十九，〈九華山賦〉

浩蕩。簞瓢有娛樂，此意良匪矯。」[10] 抱持安貧樂道，才是做事成功的要件。當他貶官龍場驛丞時，作詩「投荒萬里入炎州，卻喜官卑得自由」。[11] 當我們誦讀范仲淹名篇〈岳陽樓記〉的「先憂後樂」時，庶乎得之。

王陽明平定宸濠之亂

為明武宗立下汗馬功勞，但陽明既不彰顯己能，且將加害自己的謗言，化於無形。做自己該做的事：先將宸濠等罪犯交與張永，又回南昌穩住局面，接著呈送捷報書，一切功名利祿不與掛礙，功勞全給武宗朱厚照，讓武宗保住面子，也保住自己光彩。正德十五年（1520）六月做啾啾吟：「君胡戚戚眉雙愁？信步行來皆坦道，憑天判下非人謀。用之則行捨則休，此身浩蕩浮虛舟。……人生達命自灑落，憂讒避毀徒啾啾。」[12]「仁者不憂」的實踐，在於聽天由命，如舟行江上，任舟自行飄盪，不予拘限。人算不如天算，人謀不臧，多行不義，為人不義必自斃，不如順從自然之道，自得灑落之道。（二）〈擒宸濠〉〈南浦道中〉

「南浦重來夢裡行，當年鋒鏑上心驚。旌旗不動山河影，鼓角猶傳草木聲。

已喜閭閻多復業，獨憐饑饉為寬征。迂諫何有甘棠惠，慚

10　《全集》第 675 頁，〈談易〉。
11　《全集》第 702 頁，〈龍岡漫興五首〉。
12　《全集》第 784 頁。

愧香燈父老迎？」。

林則徐充軍去伊犁，途經西安。口占留別家人。〈赴戌登程口占示家人〉

力微任重久神疲，再竭衰庸定不支。苟利國家生死以，豈陰禍福避趨之？

「謫居正是君恩厚，奉拙別於戌率宜。戲與山妻談故事，試吟斷送老頭皮。」[13]

朱載垣謂「兩肩正氣，一代偉人，具撥亂反正之才，展救是安民之略，功高不賞，朕憫焉。因念勳賢，重申盟誓。」

王世貞讚王陽明的文采，如食哀家梨，吻咽快爽不可言；又如飛瀑布岩，一瀉千里，無淵亭沉冥。蓋形容文筆明快而氣勢滂渤，不可阻遏。

立言，言得其要，理足可傳。

尊重個人的獨立思考

人心不同，各如其面，人心即人性，其實就是人的思想，人的觀念，人的外表長相雖是相似，但是思想雖有相似，卻難有完全一致。遂有人品不同、資質不一、才氣不齊。所以在後天的教育，重視因材施教，藉著教育方法的實施，以為提高個

---

[13] 《宋趙令時侯鯖錄》卷六，〈隱逸〉，書楊樸事，臣妻有一首云：「更休落魄耽杯酒，且莫猖狂愛詠詩，今日捉將官裏去，這回斷送老頭皮。」宋真宗大笑，放楊樸事回山。「斷送老頭皮」意謂被官事所拘，不得自由。又東坡赴獄，妻送出門，皆哭。坡顧謂曰，子獨不能如楊處士妻做一首詩送我乎？妻子失笑，「今日捉將官裏去，這回斷送老頭皮。」坡乃去。《東坡志林》卷二。

人品質，啟發人性的本善，造就和平善良禮讓溫馨的的社會風氣。所以古今中外的哲學家或思想家，沒有不重視教育的理念，孔孟被尊稱至聖、亞聖，希臘的蘇格拉底、亞里斯多德，亦不遑多讓，相互輝映。

至於明代王陽明在心學有突破舊傳統理學家的思維，創立致良知的新觀念，以知行合一的功夫為實踐，如教條示龍場諸聲是有關其教育的目標，其著作文中，處處可見有關教育理念，是明朝的教育家代表人物。

尊重學術自由發揮與創作

從陽明「朱子晚年定論」最能道說陽明對學術自由的尊重，以己為證，初學佛老，次究詞章，終於孔孟儒術。而「洙、泗之傳，至孟氏而息；千五百餘年，濂溪明道始復追尋其緒。」儒術輾轉相傳，歷代名家輩出，眾說紛紜，莫衷一是，難定一尊。就宋代理學而論，濂洛關閩四家，其中心思想，同終伐異，互不相讓，至於白鵝湖之駁辯，各是其所是，各非其所非，難有定論，遂不歡而散。

至於陽明初與朱子之說，以為謬誤，乃因學者囿於見聞，而陽明參透朱子之理，頗有所得，對朱子之說與自己所見有共同相通之心得，不入異端，欣然釋懷。世人若有批判他家之是非，宜學陽明之謹慎深思而後為之，以免產生人云亦云的偏頗，誤人誤己。

尊重個人平等對待的權利

　　孟子認為人性本善，只要順著本性去做事，就是行善，也是人性本善的實踐了。因此，如果有人作惡，並不是他的材質不好。凡人皆有惻隱、羞惡、恭敬、是非之心。是為仁、義、禮、智之心，是人人與生俱有的，並不是從外面來塑造我的，是我本來就有的。孟子曰：「富歲子弟多賴，凶歲子弟多暴，非天之降才爾殊也，其所以陷溺其心者然也。」[14]

　　所以富歲子弟大多偷墮，凶歲子弟大多兇殘，這不是他們的本質，只是他們的人性本善被個人的慾望所蒙蔽了。

　　古代先民的生活，民之秉夷，好是懿德

　　中國古代人民的生活，是自由而富足，平等而自在，先民有歌曰；日出而作，日入而息，鑿井而飲，耕田而食，帝力於我何有哉？〈擊壤歌〉據說以為堯帝時代，人民生活的表述，農事的工作不用計時，但依日出日落自然作息，不急不徐，沒有工作時間的要求，沒有下班趕車換車的壓力，口渴時喝井水，肚子餓時有飯吃，皇帝老爺和我有什麼關係？

　　詩曰：「天生蒸民，有物有則。民之秉夷，好是懿德。」〈大雅蒸民〉孔子曰：「為此詩者其知道乎！故有物必有則，民之秉夷也，故好是懿德。」[15]

　　主張人性本善的孟子，認為「舜何人也，禹何人也，有為者亦若是。」王陽明的聖賢

14　《孟子・告子上》
15　《孟子・告子上》

　　愚劣皆是人性本善，就人性本善為基準的良知，推論社會上的士農工商皆是平等，在

　　先秦的時代裡，遂有平等觀念，確實不凡。士農工商四民之稱，以士為先，以商為末，人民階級區分，所以有「萬般皆下品，唯有讀書高」的錯誤的觀念。所以王陽明在傳習錄拾遺主張：「雖經日做買賣，不害其為聖賢。」稱「新四民論」四民歸要在於有益生人之道，則一而已，盡心焉一也。「商」，非賤業也。

　　《四庫全書》又評王陽明

　　「王守仁勳業氣節，卓然見諸施行，而為文博大昌達，詩亦秀逸有致，不獨事功可稱，其文章自是傳世也。」

　　王陽明的畢生功業，遺作不朽長存天地間，生命輝光普照世人心。

　　「終明之世，大臣用兵制勝，未有如王守仁者也。」《明史》日本與西方強國分庭抗禮，歸功於明治維新的成功。此乃陽明學強調人的精神力量和意志實踐，以實際行動改變社會。促使社會政治清明、經濟發達，安居樂業，人民生活祥和安定。獲得日人的讚譽有加。王陽明的畢生功業，遺作不朽長存天地間，生命輝光普照世人心。所以

　　《四庫全書》：「王伯安如食哀家梨，吻咽快爽不可言；又如飛瀑布岩，一瀉千里，無淵亭沉冥之路。」

名家評王陽明

　　朱載厚（穆宗）：「兩肩正氣，一代偉人，具撥亂反正之才，

展救是安民之略，功高不賞，朕憫焉。因念勳賢，重申盟誓。」

王世貞〈書王文城集後〉「伯安之為詩，少年有意求工，而為才所使，不能深造而衷於法；晚年盡舉而銘歸之道，而尚為少年意象所牽，率不能深造而出於自然，其自負若兩得。」

清 朱彝尊：「詩筆清婉，書法尤通神，是為臨池之模範。」

徐渭評：「王羲之以書掩其人，王陽明以人掩其書。」

李贄：「在江西為三大忠，在浙江為三大人，在古今為三大功，而況理學又是繼孔聖之統者哉。」

王世貞：「王文成公為第一流人物，立德、立功、立言，皆居絕頂。」

參考書目

1. 重編宋元學案，重編者：陳叔諒、李心莊，國立編譯館出版，正中書局印行，1970 年 7 月，台四版。
2. 重編明儒學案，重編者：李心莊，國立編譯館出版，正中書局印行，1968 年 11 月，台三版。
3. 朱熹哲學思想，金春峰，東大圖書，1998 年 5 月，初版。
4. 心學大師王陽明，秦漢唐，文經閣出版社，2013 年 02 年 5 日。
5. 知行合一王陽明詳傳，高瀨武次郎，大地出版社，2014 年 12 月 8 日。
6. 陽明悟人生大智慧，秦漢唐，文經閣出版社，2012 年 8 月 15 日。
7. 王陽明的人生 64 個感悟，秦漢唐，文經閣出版社，2012 年 5 月 9 日。
8. 劉述先論王陽明的最後定見，吳光主編，陽明學綜論，中國人民出版社，2009 年 10 月。
9. 心體與性體（第 1、2、3 冊）牟宗三著　正中書局，1968 年 5 月台初版
10. 王陽明與明末儒學，吳光等譯，上海古籍出版社，2000 年。
11. 王陽明著述選，吳震，上海古籍出版社，2004 年。

12. 中國實學思想史（上、中、下），葛榮晉主編，首都師範大學出版社，1994 年。

13. John Dewey（1859-1952），美國，實用主義哲學，繼承皮爾斯及詹姆士實用主義哲。

14. John Dewey 教學兩年（1919.04.30-1921.08.）離開中國，從〈做中學與知行合一〉。

15. 朱子學與楊明學，島田虔（日），蔣國保譯，陝西師範大學出版社，1986 年。

16. 朱子心學案（上、下）錢穆，巴蜀書社，1986 年。

17. 宋明理學之概念與歷史，陳榮捷，中央研究院文哲所，初版，1974 年。

18. 論陽明哲學之圓融統觀，談遠平，文史哲出版社，1903 年 3 月。

19. 朱熹的思維世界，田浩，允晨文化，2008 年。

20. 心學大師王陽明，秦漢唐，文經閣出版社，2013 年 2 月 5 日。

21. 十三經注疏，重刊宋本，藝文印書館，1965 年 6 月，三版。

22. 群儒考略，安徽高等學堂，古亭書屋，1970 年 1 月 20 日。

23 王陽明哲學，蔡仁厚，三民書局，2009 年 8 月，二版二刷。

24. 傳習錄注疏，明王陽明撰，鄧艾民注，上海古籍出版社，2015 年 5 月。

25. 蕭無陂校釋，岳麓書社，2012 年 4 月，第 1 版第 1 次。

26. 陳榮捷，王陽明傳習錄詳注述評，學生書局，1998 年 2 月 1 日。

27. 明代中後期社會變遷研究，朱建強，文津出版社，1997 年

8 月 1 日。

28. 良知學的開展 ── 王龍溪與晚明的陽明學，彭國翔，學生書局，2003 年 6 月。

29. 陽明學與當代新儒學，劉宗賢、蔡德貴著，中國人民出版社，2009 年，第一版。

30. 當代西方思想的困局，勞思光著，台灣商務印書館，2014 年 11 月。

31. 管子與晏子春秋治國思想比較，邵先鋒著，齊書書社，2008 年 5 月，第一版。

32. 譯傳習錄，李生龍，三民書局，二版二刷，2012 年 9 月。

33. 陽明境界，司雁人（原名司燕仁），中國社會科學出版社，2007 年，第一版。

34. 陽明學綜論，吳光主編，中國人民大學出版社，2009 年 10 月，第一版。

35. 晚明思潮與社會變動，淡江大學中文系，弘化學術叢刊，76 年 12 月 6 日，初版。

36. 走向生活的教育哲學，劉鐵芳，湖南師範大學出版社，2005 年 3 月，第一版。

37. 教師語言藝術（修訂本），郭啟明、趙林森主編，北京與文出版社，1998 年 12 月。

38. 王陽明，秦家懿著，三民書局三版，2002 年 9 月。

39. 中國人生哲學，方東美，黎明文化事業有限公司，69 年 7 月，初版。

40. 朱子哲學思想的發展與完成，劉述先，台灣學生書局，73 年 8 月。

41. 中國哲學史，蔡仁厚，學生書局，2009 年，初版。

42. 良知學的開展 —— 王龍溪與晚明的陽明學，王國翔，學生書局，2003 年 6 月 1 日。

43. 陽明學的形成與發展錢明，江蘇古籍出版社，2002 年。

44. 王陽明教育思想研究余文武，西南交通大學出版社，2008 年，第一版。

45. 王陽明教育思想之研究，王柏壽，2002 年 3 月。

期　刊

1. 王陽明論知行一個詮釋倫理學的解讀，林維傑，台灣東亞文明學刊，2011 年 12 月，8 卷 2 期。

2. 王陽明的經典觀與理學的文本傳統，祝平次，清華中文學報第一期，2007 年 7 月。

3. 王陽明與佛道二，柳存仁，清華學報，13 卷 12 期，1981 年 12 月。

4. 「心即理說的動搖與明末清初學風之轉變」，王汎森，中央研究院歷史語言研究所集刊，第 65 卷第 2 期，1994 年 6 月，頁 333-373。

5. 論王陽明心即理說的主要觀念，劉桂標，哲思 1999 年 11 月，第 2 卷第 3 期。

6. 論王陽明的最後定見，劉述先，中華文化研究集刊，第 11 輯，1997 年。

7. 聖學教化的弔詭：對晚明陽明講學的一些觀察，呂妙芬，中央研究院近代史研究所集刊，第 30 期，1998 年 12 月。

8. 從康德的實踐哲學論王陽明的知行合一說，李明輝，中國文哲集刊，第 4 期，1994 年 3 月。

9. 萬物一體 ── 陽明心學關於建構理想社會的一項理論表述，吳震，杭州師範大學學報社會科學版，21 世紀儒學研究，2010 年 1 月 27 日。

10. 心學道統論 ── 以顏子沒而聖學亡為中心，吳震，第 3 卷，2017 年。

11. 陽明學的心學特質，荒木見悟著，連清吉譯，中國文哲學研究通訊，第 2 卷 4 期，1992 年 8 月 1 日，國立台灣師範大學演講。

12. 王陽明心學中知性體觀的特色，鄧克銘，國立台灣大學中文學報，第 18 期，2003 年 6 月。

13. 王陽明以明鏡喻心之特色及奇異說，鄧克銘，國立台灣大學中文學報，第 26 期，2007 年 6 月。

14. 王陽明教育思想與現代人文教育之探討與比較，周德禎，黃埔學報，19 卷，頁 133-140。

15. 王陽明教育思想析論，彰客偉，哲學與文化，17 卷 7 期。